今日から始める「液晶留学」！

海外ドラマの
リアル英語
100 フレーズ

出口武頼 著

コスモピア

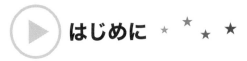

はじめに

　「アメリカ英語の口語と慣用表現は、海外ドラマを見るときの大きな壁になっています。英語学習誌で少しずつ語彙を増やしているものの、もどかしい思いをしています」

　本書は、英語学習誌『多聴多読マガジン』に寄せられたこのような投書によって生まれました。

　海外ドラマとは、本書では英語圏で放送されているテレビドラマや、英語で作られ動画配信サイトなどで視聴できるドラマ作品を指します。近年では英語学習のため、あるいは純粋にエンタメとして盛んに楽しまれていますが、何しろネイティブが観ても面白いように作られているため、英語教材としては難易度が高いほうではあります。

　かく言う筆者も毎日欠かさず海外ドラマを視聴し、ドラマの内容を楽しむだけでなく、英語を習得するための教材として活用してきましたが、最初のうちはセリフを聞き取るのに大変苦労したことを覚えています。そこで、海外ドラマを観る際の手助けになって、自然で使いやすい英語表現を学べるような本を作れないものか……。

　そういう思いから作られた本書は、中学生の頃から海外ドラマを 4000 話以上観てきた筆者が、「**海外ドラマを観始めた頃に知っておきたかった！**」と考える頻出フレーズを 100 個厳選したものです。まずは特によく登場する最頻出フレーズ 10 選に続いて、友人・家族らと話すときに使える表現、恋愛に関する表現、ビジ

ネスにまつわる表現をそれぞれ 30 個ずつよりぬき、海外ドラマ
で実際に使われたシーンを紹介しながら掲載します。このように
フレーズとシチュエーションを紐づけることで、ドラマ視聴中に
もすぐ理解できますし、自分で実際に会話の中で使いたいときに
もすぐに表現を思い出すことができるように工夫されています。
表現が与える印象や実際の話し方の解説はもちろん、他のドラマ
ではこう言っていた、という言い換え表現や類似表現も加えまし
た。なお、本書で扱うのはアメリカで制作された作品となってい
ます。アメリカの作品は英語の発音がベーシック（基本的）で作
品数も多く、舞台設定が現代であることが多いため、今からドラ
マを観始める方にもおすすめしやすいと考えました。

　本書は海外ドラマを複数観ていく中で頻繁に目にする表現や、
「これはもっと早く知っておきたかった！」「日本語字幕だと意訳
され過ぎていてわからなかったけど、そういうニュアンスだった
のか！」などと筆者が感じた表現が満載。他の単語帳や英語表現
集と違い、海外ドラマで用いられたセリフの一節（フレーズ）を
まるごと引用しているため、実際に使うことができる「生きた英語」
であることを実感していただけると思います。

　海外ドラマは**生きた英語を楽しく学べる最高の英会話教材**です。
そのエッセンスを 100 個集めた本書は、手元に置いてドラマを観
るもよし、便利な英会話表現集として使うもよし。ぜひあなたな
らではの方法で英語学習に役立てていただけたら幸いです。

2023 年 3 月　出口武頼

Contents

Part ① 便利に使える10フレーズ …………… 11

Part ② 友人や家族に使える30フレーズ … 33

★ ★ ★ ★
Part
③ 恋人に使える**30フレーズ** ················· 107

Part ★ ★ ★ ★
④ 仕事に使える30フレーズ ················· 181

Contents

本書の構成と使い方

本書では、海外ドラマに頻出するフレーズを100個厳選。「便利に使える」「友人や家族に使える」「恋人に使える」「仕事に使える」の4章に分けて紹介します。またジャンル別のドラマ紹介や、海外ドラマを使った英語学習のノウハウを語ったコラムも掲載します。

●英語フレーズのページ

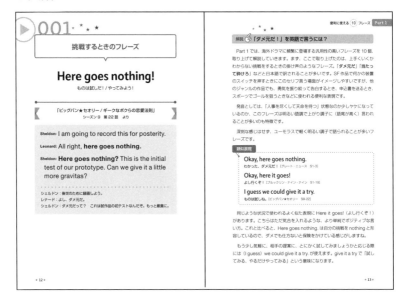

フレーズ紹介のページでは、海外ドラマを4000話以上観てきた著者が厳選したフレーズを1つずつ掲載。実際にドラマで出てきたシーンのスクリプトとともに掲載し、表現が示すニュアンスなどについて解説を加えます。同様のシーンで使われる類似表現も併せて紹介します。なお、類似表現内で例えばS3-1とある場合、シーズン3の第1話に登場したセリフであることを意味します。

●ドラマ紹介のページ

英語フレーズ紹介のページでも頻繁に登場した、英語学習に役立つ海外ドラマを「コメディ」「恋愛」「ビジネス」と3つのジャンル別に紹介。英語学習という観点からの注意点や、筆者がそのドラマを推せる理由やおすすめポイントについても熱く語ります。

●コラム

海外ドラマの選び方や、音声・字幕の使い方、筆者のフレーズ英語学習法などについて解説しています。

電子版を使うには？

本書購読者は
無料でご利用いただけます！
本書がそのままスマホでも
読めます。

電子版ダウンロードには
クーポンコードが必要です

詳しい手順は下記をご覧ください。
右下のQRコードからもアクセスが
可能です。

電子版：無料引き換えコード
Cz2u6

ブラウザベース（HTML5形式）でご利用いた
だけます。
★クラウドサーカス社ActiBook電子書籍です。

●対応機種
・PC（Windows/Mac）　・iOS（iPhone/iPad）
・Android（タブレット、スマートフォン）

電子版ご利用の手順

❶コスモピア・オンラインショップにアクセス
　してください。（無料ですが、会員登録が必要です）
https://www.cosmopier.net/

❷ログイン後、カテゴリ「電子版」のサブカテゴリ「書籍」をクリックして
　ください。

❸本書のタイトルをクリックし、「カートに入れる」をクリックしてください。

❹「カートへ進む」→「レジに進む」と進み、「クーポンを変更する」をクリック。

❺「クーポン」欄に本ページにある無料引き換えコードを入力し、「登録する」を
　クリックしてください。

❻０円になったのを確認して、「注文する」をクリックしてください。

❼ご注文を完了すると、「マイページ」に電子書籍が登録されます。

Part

①

便利に使える

10フレーズ ★ ★ ★

挑戦するときのフレーズ

Here goes nothing!

ものは試しだ！ / やってみよう！

「ビッグバン★セオリー / ギークなボクらの恋愛法則」
シーズン 9　第 22 話　より

Sheldon: I am going to record this for posterity.

Leonard: All right, **here goes nothing.**

Sheldon: **Here goes nothing?** This is the initial test of our prototype. Can we give it a little more gravitas?

. . . .

シェルドン：後世のために録画しよう。
レナード：よし、ダメ元だ。
シェルドン：ダメ元だって？　これは試作品の初テストなんだぞ。もっと厳粛に。

★　　★　　★
★　　★

解説 👆「ダメ元だ！」を英語で言うには？

Part 1 では、海外ドラマに頻繁に登場する汎用性の高いフレーズを 10 個、取り上げて解説していきます。まず、ここで取り上げたのは、上手くいくかわからない挑戦をするときの掛け声のようなフレーズ。「**ダメ元だ**」「**当たって砕けろ**」などと日本語で訳されることが多いです。SF 作品で何かの装置のスイッチを押すときにこのセリフを言う場面がイメージしやすいですが、他のジャンルの作品でも、勇気を振り絞って告白するとき、申込書を送るとき、スポーツでゴールを狙うときなどに使われる便利な表現です。

発音としては、「人事を尽くして天命を待つ」状態なのか少しヤケになっているのか、このフレーズは明るい語調で上がり調子に（語尾が高く）言われることが多いのも特徴です。

深刻な感じはせず、ユーモラスで軽く明るい調子で語られることが多いフレーズです。

類似表現

Okay, here goes nothing.
わかった、ダメ元だ！［グレート・ニュース　S1-3］

Okay, here it goes!
よし行くぞ！［ブルックリン・ナイン - ナイン　S1-19］

I guess we could give it a try.
ものは試しね。［ビッグバン★セオリー　S9-22］

同じような状況で使われるよく似た表現に Here it goes!（よし行くぞ！）があります。こちらはただ気合を入れるような、より単純でポジティブな言い方。これと比べると、Here goes nothing. は自分の挑戦を nothing と形容しているので、ダメでも仕方ないと保険をかけている感じがしますね。

もう少し気軽に、相手の提案に、とにかく試してみましょうかと応じる際には（I guess）we could give it a try. が使えます。give it a try で「試してみる、やるだけやってみる」という意味になります。

相手の背中を押すときのフレーズ

There's only one way to find out.

やってみないとわからないよ。

「ウェンズデー」
シーズン1　第5話　より

Mom: I've never seen someone so blinded by rage.

Wednesday: Maybe it wasn't rage at all. Foaming saliva, dilated pupils, mental confusion. What are those all textbook symptoms of?

Mom: But how can that be?

Wednesday: **There's only one way to find out.**

. . . .

母（モーティシア）：あれほど怒りに駆られた人は見たことがない。
ウェンズデー：多分、それは怒りじゃない。泡立つ唾液、開いた瞳孔、精神の錯乱。これらすべての典型的な症状って何かしら？
母（モーティシア）：でも、うそでしょ？
ウェンズデー：やってみないとわからないわ（確かめるしかない）。

解説 **悩んでいないで、一歩踏み出そうよ！**

「この計画でうまくいくかな？」「告白したら OK してくれるかな？」「あいつ、今から誘っても来るかな？」などなど、ついあれこれ悩んだり仮説ばかり立てたりしてしまうことは誰にでもあるでしょう。そんなときに思い出したいのがこのフレーズ。**「考えてばかりいないで、実際に行動することでしか確かめられないよ」**というニュアンスの力強い表現です。

海外ドラマでは、主人公が悩んでいるときに親友キャラがこのように背中を押してくれるシーンがよく見られます。とはいえ深刻な悩みにしか使えないわけではありません。ぼくがこのフレーズが一番しっくり来ると思うのは、新しいレストランに初めて入るときです。実際に食べてみる前の「ここ美味しいかな？」という悩みほど意味のないものは無いですから。There's only one way to find out. と言ってとっとと食べてみればいいんです！

英語として少しトリッキーなのが、表現自体には「行動」とか「実行」といった言葉が含まれないこと。フレーズを直訳すれば「find out（知る）ためには only one way（1 つの方法）しかない」となりますが、その 1 つの方法こそが行動して結果を見ることだという前提がある。そのこと自体を伝えようとしているんですね。

類似表現

Only one way to find out.
やってみないとわからないよ。［ウェンズデー　S1-4］

You know what to do.
やることわかっているよね。[SUITS/ スーツ　S1-1]

左ページで取り上げたフレーズから、There's を略した省略形が、Only one way to find out.。頻繁に使われるフレーズは、次第に発音が省略されていったりします。意味としては全く変わりませんが、少しくだけた印象になります。

また相手の背中を押してあげるその他の表現としては、You know what to do.（やることわかってるよね？）などが挙げられます。

弁解するときのフレーズ

Your words, not mine.

あなたが言い出したことだよ。

「モダン・ファミリー」
シーズン2　第15話　より

Claire: Why would you not mention that I'm married?

Mom: Oh, God, Claire. Not everything in a conversation is about you.

Claire: Mom, I could use some help in the kitchen.

Mom: **Your words, not mine.**

クレア：どうして私が結婚したと言わなかったの？
母：ああ、クレアったら。いつも自分が会話の中心だと？
クレア：ママ、台所で手伝ってもらえるとありがたいんだけど。
母：いいのね？（あなたが頼んだんだからね、私ではなく）

解説 **責任逃れや密告をしたいときに使える !?**

　友人と世間話をしていて、自分はやんわりと She's not very nice.（あの人はちょっと厳しいときあるよね）などと言っているのに、相手は Yeah, she's so mean.（ほんと性悪だよねー）とか直接的な言葉を言ってしまってハラハラした、なんていう経験があるでしょうか。そんな、自分はオブラートに包んで発言したのに相手がそれをビリビリに破いてきたとき、「**ぼくはそこまでは言ってないけど**」「**ぼくは知らないからね**」と逃げるためのフレーズです。

　左ページに掲載したシーンの Your words, not mine. は、日本語訳字幕では簡単に「いいのね」と意訳されていましたが、「あなたの言葉だからね（あなたが頼んだんだからね）、私ではなく」と、母親が娘であるクレアの言質を取るニュアンスが込められています。

　また、これを応用すれば、次のような陰口を本人に密告することもできてしまいますね。She (He) said you were so mean. Her (His) words, not mine.（あいつ、姐さんのこと性悪とか言ってましたよ。あいつがです）という具合にです。また、It was his idea, not mine.（彼が計画したことで、私は知りません）などの使い方もできそうです。

　いずれにしても、真っ向から同意はできないけれど正直その通りだと思うという微妙な立場を言い表し、上手く責任を逃れる「大人」なフレーズです。

類似表現

Marshall's words, not mine.
もし表現が追加できれば！［ママと恋するまで　S4-23］

Her words, not mine.
もし表現が追加できれば！［モダン・ファミリー　S6-7］

　第三者に向けてなにかのエピソードを話しているとき、他人に責任を押し付けるときは上記のような形で使われます。

訂正するときのフレーズ

That's not what I'm saying.

そんなことが言いたいわけじゃない。

「モダン・ファミリー」
シーズン5 第21話 より

Cameron: Christmas, say—just to prove Claire wrong. Simplicity itself.

Mitchell: That's not remotely what I'm saying...

Cameron: Mitchell, don't second-guess yourself. It's simplicity itself.

· ·

キャメロン：クリスマスの写真がいい。クレアが間違っていると証明するのに。問題解決だね。
ミッチェル：いや、それは全然ぼくの言おうとしていることでは……。
キャメロン：ミッチェル、ためらうなよ。上手くいくさ。

とかく議論したがりな英語話者とわたりあうには、自分の意見をしっかり言うとともに相手が曲解する余地を与えないことが肝心です。そこで、「私はそう言ってない」とただすフレーズはぜひ覚えておきたいところ。やんわり訂正することも少し強い語調で反駁することも必要ですので、ぜひ以下の類似フレーズも併せて覚え、表現の幅を広げてみてください。

　左ページで紹介したフレーズでは、That's not what I'm saying.（そんなこと言いたいんじゃないです）だけでなく、間に remotely（隔たって）とつけることで、「私の言いたいことにかすってもいない」といった強調がされています。

　なお、左の英文に2回登場する simplicity itself は、「全く簡単だ」という意味になります。

類似表現

> **I didn't quite put it like that.**
> 私はそうは言わなかったはずよ。［スイート・マグノリアス　S1-10］
>
> **I wouldn't put it that way.**　［ブルックリン・ナイン - ナイン　S3-12］
> そういう風には言わない。
>
> **That's not exactly how I phrased it.**
> それは言いたかったこととちょっと違う。［ブルックリン・ナイン - ナイン　S6-9］

　「言う、表現する」という意味でぜひ覚えておきたいのが put です。左ページのフレーズの what I'm saying のところですね。自分は正確にはそういう言い方はしていないと主張するときに必要になります。また、quite をつけると「正確にはそうじゃない」というような婉曲的な言い方になります。左ページの remotely とはまた違った強調のパターンです。

　同様に That's not exactly how I phrased it. という表現では phrase（言葉で言い表すこと）という動詞を使っています。また、not exactly（そうでもない、ちょっと違う）もよく使われる婉曲表現です。

005 ★ ★ ★ ★

言葉選びを間違えたときのフレーズ

That didn't come out right.

ちょっと言い間違えた。

「glee/ グリー」
シーズン2 第4話 より

Sam: It must be hard. I think if I went through what you went through last year, I would have transferred to a school on the moon or something, out of embarrassment.

Okay, that—**that didn't come out right.** I mean, you're really brave to come back like you have. I don't judge you or anything.

サム：つらかっただろうね。君が去年体験したことをぼくが体験したら、ぼくなら月かどこかに転校するね、恥ずかし過ぎて。

いや、ちょ、ちょっといい間違えた。言いたいのは、戻って来るなんて君は本当に勇敢だということだよ。君を偏見で決めつけたりなんかしないよ（君にひいたりなんかしないよ）。

★20★

解説 👆 キツい言い方をしてしまった場面でも使える！

　自分の言ったことが状況にそぐわなかったり、失言してしまったりしたときなど、自分の意図とは違う言い方をしてしまったときに謝るフレーズです。come out（何かを言う、言葉にする）という意味なので、ここでは「言葉の選び方が悪くて誤解を生んでしまった」と反省していることになります。多くの場合、言った内容（what you said）ではなく、言葉選び（how you said it)が良くなかったときに使うことに注意です。同じ意味のバリエーションとしては That came out wrong.（今のは言い間違いです）などと言うこともできます。

　また、感情に任せて厳しい言葉遣いをしたり、キツいもの言いをしてしまったときに謝る場面でもよく使われます。一瞬激高してしまって、すぐ我に返って Sorry, that didn't come out right.（ごめん、こんなこと言うつもりじゃなかったんだ）など。

　英語学習中は、間違いを恐れずに話すことがとても大事です。間違うことを楽しむくらいの勢いで知っている言葉を使い続けることが上達のための一番の近道だと思います。ですから、安心して挑戦し続けるためのセーフティネットとして、「今のはちょっと違うんだ！」と自分で訂正することができるこのフレーズを知っておくと大変便利ですね。

類似表現

I didn't mean it that way!
そういうつもりで言ったんじゃない。[ビッグバン★セオリー　S6-9]

Sometimes people say things they don't mean.
時々、人は意図しないことを言うもんだ。[ビッグバン★セオリー　S10-14]

But I didn't intend it that way.
そういうつもりでやったんじゃないんだ。[モダン・ファミリー　S2-10]

　相手に間違って伝わってしまったときは、このように mean（意図する）という動詞を使い、「私が言いたかったことと違う」と訴えることもできます。

言葉に詰まったときのフレーズ

What's the word I'm looking for?

何て言ったっけな?

「ママと恋をするまで」
シーズン2 第9話 より

Ted: Thanks for telling me your secret. It means so much to me, that you could be so... God, **what's the word I'm looking for?** Honest.

Robin: Mm, thanks, Ted.

Ted: Yeah. You know what's probably the best part about your honesty? How truthful it is.

Robin: I say we just move on.

· ·

テッド:君の秘密を話してくれて、ありがとう。うれしいよ。君はその……。何て言ったっけな?　正直さだ。

ロビン:ありがとう、テッド。

テッド:あぁ。君の正直さの最良の点は何だと思う?　どんなに嘘を言わないかってことだよ。

ロビン:話題を変えて。

解説 英語に詰まってしまったときに使おう！

　会話をしていて「こういう状況のことを何と言うんだっけ」「うまく言い表す表現あったよな」と考え込んでしまうことはありませんか。私たちの母語である日本語でもそんなことがあるのですから、英語ではなおさらのこと。そんなときには考え込んで黙ってしまうのではなく、何か思い出したい表現があるんだと示すことで間をつなぐのも一手です。

　このフレーズは相手に質問しているわけではなく、あくまでも独り言という体ですが、相手が英語ネイティブだった場合「ああ、……っていうこと？」などと新しい表現を教えてくれるかもしれません。英語学習中であればあるほど便利に使える、会話の時間稼ぎに便利なフレーズです。

類似表現

What's the phrase I'm looking for here.
何て言えばいいんだっけ。

You have a phrase for that?
そんな表現があるの⁉［ブルックリン・ナイン - ナイン　S2-10］

　What's the phrase I'm looking for. とすれば単語ではなくイディオムや表現を忘れてしまったときにも使えます。look for（探す）という言い方が、いかにも言葉を探し当てようとしている感じを出していますね。

　また、相手が聞いたことのない英語表現を使ってきたら、You have a phrase for that? などと言ってリアクションしましょう。

007

共感を示すときのフレーズ

I've been there.

私にもそんな経験があるよ。

「glee/ グリー」
シーズン 1　第 16 話　より

Mercedes: Thanks. I'm not hungry.

Quinn: Yes, you are. You're starving. I know. **I've been there.** Did all the other kids start looking like food right before you fainted?

Mercedes: Yeah. How'd you know?

Quinn: Been there. Eat the granola bar.

Mercedes: Why are you being so nice to me?

. . . .

メルセデス：ありがとう。でも、お腹は空いていないの。
クイン：いいえ、そんなことない。お腹ペコペコのはず。わかるよ、私もそうだった。倒れる前、他の子どもたちみんなが食べ物に見えたんじゃない？
メルセデス：そうね。なぜそれを？
クイン：経験あるもの。グラノーラ・バーを食べなよ。
メルセデス：なんで私にそんなに優しくしてくれるの？

★ ★ ★ ★

解説 「自分にも経験がある」と率直な共感を示そう！

　直訳すると「私はそこに行ったことがある」ですが、これはどこかに行ったことがあるという話ではなく、**相手と同じ経験がある**という意味になります。特に there というのは状況や境遇を指し、「そうしたシチュエーションに自分も陥った経験があるので、あなたの気持ちがわかります」という率直な共感を示すフレーズです。

　なお、左ページの例文にある starving は hungry（お腹が空いた）をより強調した言い方で「めちゃくちゃお腹が空いた、お腹がペコペコだ」という意味になります。hungry よりもさらに強い空腹感を表します。さらに I'm starving to death. と言えば、「お腹がペコペコで死にそう」ということです。

類似表現

Been there.
経験あるよ。[ビッグバン★セオリー　S1-2]

Been there, done that.
ぼくもそういう経験あるなあ。[glee/ グリー　S2-16]

Been there, rode that horse.
わかるわ、私も昔そうだった。[SUITS/ スーツ]

　1 つ目のフレーズは I've been there から I've を省略したカジュアルな言い方で、意味は同じです。

　2 つ目のフレーズでは been there に続けて done that（私もあなたと同じことをした）と同様の意味のことを畳みかけ、更なる共感を示しています。

　3 つ目は少し上級編で、This is not my first rodeo（前にも経験があります）というフレーズから連想しているのではないかと思います。

008

理解を示すときのフレーズ

I see where you're coming from.

あなたの言うこともわかるよ。

「ブルックリン・ナイン - ナイン」
シーズン5　第15話　より

Jake: Should we go with Vin's wacky little plan, or should we go with Sam Jepson, my exceptionally solid lead?

Amy: **I see where you're coming from**, Jake, but this is Vin's world, and I think we should go with his strategy. Sound good?

Jake: Yeah.

. . . .

ジェイク：ぼくたちはヴィンの奇抜でマニアックな計画に従うべきか、それともぼくのとても確実な手がかりであるサム・ジェプソンを追うべきか。
エイミー：あなたの意見もわかるけど、ジェイク、でもこれはヴィンの領域よ。私は彼の作戦に従うべきだと思う。いいかな？
ジェイク：ああ、そうしよう。

解説 ちょっと大人な相手の考えを尊重するフレーズ

ここでは、いろいろな同感や共感を示すときの表現を取り上げます。

特に英語表現として面白く、また感覚を掴むのが難しいのが左ページのフレーズです。I see は I understand の言い換えなので問題ないと思いますが、続く where you're coming from... は「あなたの出身地」という意味ではなく、**「あなたの言動や考えの理由、背景」**のこと。左ページのフレーズは、相手がなぜ今の考えに至ったか、そのバックグラウンドに理解と尊重を示す一方で、自分はそれを共有していないことも明らかになる表現なのです。

つまりこのフレーズは、相手と意見が食い違ったとき頭ごなしに否定するのではなく、「お互いにそれなりの理由があって考えの違いが生まれているんだね」と理解する、非常に大人っぽく洗練された表現なのです。この感覚は agree to disagree（*p.226*）に通じるものがありますね。

類似表現

I get the feeling.
わかるよ。

I can relate to that.
わかるよ。［フラーハウス　S2-13］

1つ目の I get the feeling. は単純に、the feeling（あなたの感覚、気持ち）がわかるよと同意する表現です。「それはうれしかっただろうね」「悔しかったよね」などと、sympathy（**シンパシー、同感**）を感じたときはこの表現を使いましょう。

一方、2つ目の I can relate to that. の relate to that は「それに共感する」という意味であり、個人的な経験から相手に共感するときに使うことができる表現です。「うちは親が厳しかったからさぁ」といった苦労話にこう返せば、「うちもそうだったからわかるよ」という感じです。自分も同じ経験をしたり、同じ気持ちになったことがあるので相手の考えや気持ちを理解し、empathy（**エンパシー、共感**）を示すときに使います。

009

相談に乗るときのフレーズ

Do you wanna talk about it or…?

良かったら話聞くけど。

「モダン・ファミリー」
シーズン 3　第 20 話　より

Claire: It must be quite a shock to hear that…
Walt's dead.

Phil: Um, so **do you wanna talk about it or…?**

Luke: I'm okay. Can I get back to my video
game? It's paused.

・・・・・・・・・・・・・・・・・・・・・・・・・・・・・・・

クレア：（親友の）ウォルトの死を聞いてさぞショックだったでしょう……。
フィル：それで、良かったら話聞くけど……。
ルーク：大丈夫。ビデオゲームをしに戻ってもいい？　途中なんだ。

解説 相手の気持ちに寄り添う洗練されたフレーズ

何か思い悩んでいる人を、「**良かったら話聞くけど、どうしたの？**」と気遣うフレーズです。落ち込んで座り込んでいる相手の隣に座って声をかけるようなイメージです。特にアメリカでは、悩みがあるときは人に話すことで、解決こそしないけれど気持ちは軽くなる、という共通理解があるようです。

気を付けたいのが、「何でも話してくれよ！」と元気に言うのではなく、相手の悩みをある程度知った上で遠慮がちに寄り添う気持ちが感じられる表現であることです。Is something wrong?（どうかしたの、何かあったの？）と直に聞き出すよりも、「何か話したいことある？」のように丁寧に言ったほうが優しいですよね。特に左ページの例では語尾が or...? と終わっていますが、or maybe not.（話したくなければいいんだけど）が省略されているのではないかとぼくは考えています。ですからこのニュアンスも含めると、和訳も「良かったら話聞くけど」となりそうです。

ちなみに、あなたがこのように聞かれた場合の返答は、話したいと思ったらYes, actually, ...（うん、実はね……）、話す気持ちになれない場合はNo, I'm good. Thank you though.（いやいいんだ、でもありがとう）などと答えると良さそうです。

類似表現

Wanna talk about it?

話聞こうか？［グッド・プレイス S2-12］

もう少しカジュアルに、省略形で言い換えたのが上記の表現になります。特にアメリカ英語では、このような頻出表現は非常に早口で発音されることが多く、聞き取り難度が高めです。英語の発音を日本語で理解するのは本来やめたほうがいいのですが、便宜上聞こえてくる音をカタカナで書けば「ウァナターカバーリッ？」を0.5秒のうちに言うような感じになります。ドラマや映画の相手を気遣う場面で、このフレーズが出て来ないか、ぜひ気をつけて探してみてください。

010 ★ ★ ★ ★

謝罪や遺憾を表すときのフレーズ

I'm so sorry. / So am I.

「ごめんなさい」「ああ残念だよ」

◀ 「アメリカン・ティーンエイジャー 彼女と彼の事情」
シーズン1　第8話　より ▶

Madison: **I'm so sorry.**

Lauren: **So am I.**

Madison: We should never let a guy that we don't even like come between us.

Lauren: Even guys we do want.

Madison: Well, unless he's, like, a really hot celebrity.

Lauren: Madison.

Madison: It's an extreme case that would never happen. Friendship first.

· ·

マディソン：本当にごめんなさい。
ローレン：私こそ。
マディソン：好きでもない男に二度と私たちの間に割って入らせないわ。
ローレン：好きな男でもよ。
マディソン：うーん、彼が超かっこいいセレブなら、話は別だけど。
ローレン：マディソン。
マディソン：極端な例よ。二度と起きないわ。友情が第一優先。

解説 👆 sorry の 2 つの意味とは？

I'm sorry. に 2 つの意味があることはもっと注目されていいと思います。1 つは「**ごめんなさい**」、2 つ目は「**残念です**」。1 つ目はよく知られた使い方ですが、状況によって 2 つ目のほうと使い分けるのは難しく、海外ドラマの日本語字幕でもごくまれにですが誤訳が見られるくらいです。「残念です」は例えばお葬式などで I'm sorry for your loss. などの使われ方をします。

このダブルミーニングを活かして、左ページのような会話がよくされます。例えば仕事で重大なミスを犯した部下が、上司のところへ I'm so sorry. と謝罪に行ったとしましょう。そこで上司が Yeah, so am I. と冷たく言うと、部下はもう震え上がるわけです。上司は部下の謝罪「申し訳ありません」に「ああ、本当に残念だよ」と返すことで、もう知らないぞ、手遅れだぞ（The damage is done. などと言うことも）と冷酷に突き放しているのです。

また、ファミリードラマ「フルハウス」では、叔父のジェシーのデートを邪魔してしまった子供のステフが I'm sorry. と言うと、ジェシーが諦めたように Yeah, so am I. と返すシーンがありました。この**謝ったところでどうしようもないという感じ**が、こんなに簡潔な返答に込められているんですね。

また、もう 1 つのパターンとして、**2 人とも残念がっている**という状況もあり得ます。例えば相手が仕事をクビになってしまったとします。あなたがかけられる言葉としては I'm sorry.（残念だよ）が良いでしょうし、言われた相手のほうも Thank you, me too.（ありがとう、ぼくも悔しいよ）などと言えるのです。つまり、ここでは会話している 2 人のどちらにも非はなく、ただ抗えない出来事に一緒に残念がっているという構図になります。

類似表現

I'm sorry, that you're such an idiot!

ごめんなさい……あんたってほんとにバカね！［フルハウス　S1-3］

Lizzie, I'm sorry. / Yeah, me too.

リジー、ごめん。／あぁ、残念ね。［インスティンクト—異常犯罪捜査—　S1-9］

I'm so sorry. / Me too.

本当にごめんなさい。／私のほうこそ。［グレイス＆フランキー　S7-11］

Column ①

ドラマがなぜ英語学習に向いているのか？

　ここでは、海外ドラマが他の方法と比べて英語学習に向いているわけを考えていきます。

　英会話を学ぶときの教材には、例えば映画や洋楽、ラジオやテキストといったものがありますが、筆者はやはりドラマが一番良いと考えています。それは、生の英語を、会話に近いかたちで、無理なく学ぶことができるからです。

　まず映画と比べて、ドラマは短い時間の区切りが長く続く点が特徴です。つまり、1話数十分が数シーズン続くことで、結局**映画よりもはるかに多くの英語を聞くことができる**のです。また、映画は映像美と演技力が見どころですが、ドラマは（その2点がないわけではありませんが）会話によるテンポの良い流れが重視されています。特にコメディ作品ではキャラクター同士の会話で話が進みますから、数十分間喋りどおしということもしばしば。結局、映画の二時間とドラマの数十分で聞ける英語の量が同じ、またはドラマのほうが多いということまであり得るのです。

　また、洋楽も良い教材ではありますが、会話文と比べて韻を踏むために表現を改変していますし、メロディーがあるためにあまりナチュラルな発音とは言えません。ドラマはまた、ラジオやテキストと違って登場人物の表情や感情がセリフの英語と結びつきやすく、「**言葉を感情で覚える**」ことができるのが良い点なのです。なぜなら、そうすれば実際の会話において、自分の感情に合った表現を自然に思い出すことができるからです。

　以上のことから、英会話に一番活きてくる、効率の良い教材は海外ドラマだと言えるのです。

Part

②

友人や家族に使える

30フレーズ ✦ ✦ ✦ ✦

感謝するときのフレーズ

What would I do without you.

君のおかげだ。

「LUCIFER/ルシファー」
シーズン5 第6話 より

Chloe: Lucifer and I will go question Blanco, and, well, you just stay here at the precinct where it's safe.

Jed: Thanks, Cherry Jane. **What would I do without you?**

・・・・・・・・・・・・・・・・・・・・・・・・・・・・・・・・・・・

クロエ：ルシファーと私はブランコを聴取するから、あなたはただ安全な署で待機してて。
ジェッド（クロエの元カレ）：ありがとう、チェリー・ジェーン。君のおかげだ。

解説 ✍ 頼れる仲間に感謝したり、別れを惜しんだり

「ありがとう」と伝えるフレーズは多く知っていればいつか役立ちます。ここでは「助かった」と感謝できる、汎用性高めのフレーズをご紹介します。直訳すれば「あなたがいなかったら私はどうしたらいいの」で、意訳が「あなたなしじゃやっていけないよ」。反語というか仮定法のような使い方です。

いつもありがとう、頼りにしてるよといった意味であるため、初対面の人に言うことは考えづらく、**しっかりものの旧友や家族に言うイメージ**です。自分のうっかりミスを友人がカバーしてくれたり、面倒な作業を引き受けてくれたりなどサポートしてくれた人に言うことが多く、ドラマでは主人公とその仲間や家族との絆を感じられるシーンによく登場します。

また、without you（あなたなしで）をもっとシリアスにとらえて、**別れが辛いと言いたいときのシーンでも使われます**。つまり去っていく恋人に追いすがったり、仲間が敵にやられて亡くなってしまうなどの状況で、涙ながらにこのフレーズが言われたりもするわけです。

このフレーズにはそのような「自分ひとりではやっていけない」という少し情けない印象も付きまといます。だからこそ感謝を伝える場合は、恋人にすがるような、どこかユーモラスな伝え方になるのが面白いところです。

教科書を忘れたときいつも貸してくれるクラスメイトに、バイトのシフトを代わってくれる友人に、会議で味方してくれる同僚にと、カジュアルな場面から真剣な状況まで、感謝を込めて伝えたいフレーズです。

類似表現

I don't know what I'd do without you.
君がいなきゃ何もできないな。[ビッグバン★セオリー S11-13]

I couldn't have done it without you.
あなたがいなきゃできなかったよ。[ブルックリン・ナイン - ナイン S6-7]

何か大きな目標を達成したとき、助けてくれた仲間にはこの 2 つのように言って感謝しましょう。完了形（2 つ目）の使い方も覚えられるので丸暗記したいフレーズです。

012

別れを惜しむときのフレーズ

It's not gonna be the same without you.

寂しくなるな。

「ブルックリン・ナイン-ナイン」
シーズン5 第10話 より

Emily: Well, we wish you luck. And **it's not gonna be the same without you.**

Gina: Mm, thanks for saying that, and... I don't know, uh... You know what? You can have your blackmail files back. I don't want 'em anymore.

Emily: Gina, these are just photos of me in my everyday clothes.

Gina: I know. It's painful, right?

. . . .

エミリー：じゃあ、元気でね。あたたなしだと寂しくなるわ。
ジーナ：うれしい言葉をありがとう。どうしようかな。じゃあ……。脅迫ファイルは返すわ。もう私には要らないもの。
エミリー：ジーナ、こんなの私の私服の写真だけよ。
ジーナ：キツイでしょ？

★ ★ ★ ★

解説 ✋ **あまりウェットにならずに、見送りたいから ?!**

　異動や引っ越しで去る人に何か一言声をかけたいが、湿っぽいのは嫌だし簡潔に済ませたい、というときにピッタリなのがこのフレーズです。直訳すると「あなたが去ったらここは変わってしまうでしょうね（ここも今まで通りとはいかないでしょうね）」となります。

　注目したいのは主語がI（自分）ではないこと。例えばI will miss you.（寂しいよ）などという言い方をすると、個人的でウェット過ぎる印象になってしまいがちです。だからこそ、it's not gonna be the same... と言うことであえて**一歩引いたような物言い**になり、客観的で落ち着いた感じを出しています。そのため、たまに話す程度の顔見知りあたりの関係性の人を見送るのに丁度いい表現です。逆に、距離が近かった人への別れのあいさつがこの言葉だけでは少し物足りないかもしれません。

類似表現

It won't be the same without you.

寂しくなるよ。[ウェンズデー S1-8]

Do come to the party, it won't be the same without you.

パーティーには来てよ、あなたが来なきゃつまらないよ。

It wouldn't be the same without you.

君がいないと、いつもの感じじゃないんだ。

　1番目は、not gonna（going to）を、意味の似た won't（will not）に代えたパターンです。will を使うと「**今決めた未来**」だということを強く表せるので、突然の別れに際して言うならば、この表現でも良いでしょう。

　2番目は、例えば相手をイベントに誘い、「あなたがいなくちゃ始まらないんだから」来てほしいと強く伝える場合に使える例です。「あなたがいるのといないのとじゃ全然違うよ」と訴える、かわいらしい印象になっています。

　最後はwon'tをwouldn'tに代えたパターン。「君がいなかったら(without you)」という**「仮定」のニュアンス**が含まれるため、その分丁寧になり、イベントなどに誘う場合などに使うのに適しています。

結果を称えるときのフレーズ

You really came through.

本当によくやり切ってくれたよ。

「ブルックリン・ナイン - ナイン」
シーズン 7　第 13 話　より

Rosa: I'm sorry I said you were worthless in an emergency. **You two really came through.**

Norm: It's just nice to have a win after what we went through today.

・・・・・・・・・・・・・・・・・・・・・・・・・・・・・・・・

ローザ：緊急時には役立たずなんて言ってごめん。2 人は本当によくやってくれたわ。

ノーム：今日のことを乗り越えて勝利したのはすばらしいことさ（終わり良ければすべて良しさ）。

解説 困難に耐えて最後までやり抜いたイメージ

ドラマを観ていると、切羽詰まった主人公が Coming through!（通りますよ！）なんて連呼して、危うく人にぶつかりそうになりながら全力疾走するシーンがよく出てきます。このように come through の基本的なイメージは「苦労して人混みを通り抜ける」ような感じであり、そこから「**頑張ってやり抜く**」ことを表す様々なシチュエーションで使えます。

余談かもしれませんが、through は英語の文章を読む際に多くの方が難儀する単語のひとつでしょう。というのもつづりや発音がよく似た単語が多過ぎるんです。through、though（しかし）、tough（きつい、固い）、thought（思った）、thorough（綿密な）、throat（喉）、throw（投げる）など、並べるともう間違い探しのようですね。いずれも基礎的でよく使われる語彙なので、まとめて覚えておきたいところです。

類似表現

You didn't just come back, b*h, you came through.**
帰ってきただけじゃないわね、あなた返り咲いたのよ。[ル・ポールのドラァグ・レース]

You really came through on this one.
（この件について）やり遂げてくれたんだな。

1つ目は、ドラァグクイーンコンテストで、一度は落選しながら敗者復活の機会を与えられて頑張ったクイーンに贈られた言葉。番組に復活した（come back）こと以上に、めげずに挽回しようと努力した（come through）ことが称賛されています。

また、難しい案件だったけれどやり遂げてくれてありがとうと、案件を強調したいときは、on this one（この件について）と付け加えてもいいでしょう。

> みんなで励ますときのフレーズ

We're in this with you.

大丈夫、私たちがついてるから。

◆ 「グレイス＆フランキー」
シーズン7　第7話　より ▶

Grace: Don't you worry about that old Bonida.
We're gonna sort it out. **We're in this with
you.**

Bonida: It's different for you, girls. My whole
life seems to have become about people
overprotecting me. And when they're not
doing that, they're overcharging me.

· ·

グレイス：心配しないで、ボニーダ。私たちが何とかするわ。大丈夫、私たちが
ついているから。
ボニーダ：あなたたちとは違う。私の人生は散々、人々に過保護にされた挙げ句、
そうしなくなったら今度は過剰請求されている。

解説 👆 **誰かの苦境に全員で立ち向かうときに使える！**

　無二の親友や最高の相棒といったバディの関係もいいものですが、数人以上の仲の良いグループの安心感にはそれとはまた違った良さがありますね。海外ドラマでも、家族ものドラマでいくつもの家族が同時に描かれる群像劇は見応えがあります。特に、誰か1人がピンチになったり悩んだりした際に全員が集結して、ピンチになった人をサポートする様子に心を打たれたりします。

　そんな状況でよく聞かれるのがこの温かいフレーズです。**何か苦境にある人を支えるために友人や家族のグループが集まって円陣を組んでいる場面**を想像してください。

　We're in this は、私たちはこの辛い状況に身を置いているし、関わってその状況をどうにかする気持ちがあるという意味です。with you はもちろん、あなたのそばにいる、あなたの味方だという意味。つまり、あなたの辛い状況はわかるし、一緒に立ち向かいたいという力強いメッセージが込められた表現なのです。

類似表現

I'm on your side now.
今はあなたの味方だよ。[LUCIFER/ルシファー　S3-9]

I'm on your side no matter what.
何があろうとあなたの味方よ。[ブルックリン・ナイン-ナイン　S7-9]

From now on, I'm in your corner, 100%.
今から100%、あなたの味方だよ。[モダン・ファミリー　S2-19]

　on one's side は「その人の味方だ」という意味です。さらに always や no matter what などを付け加えることで、「何があっても味方だから」と強調することができます。左ページの We're in this with you. は一緒に肩を組んで問題に立ち向かっていくような感じですが、on one's side にはそこまでのめり込む印象はありません。また on one's side の代わりに in one's corner も同様の意味で使えます。

勘が的中したときのフレーズ

Your instincts were spot on.

君の勘が的中したな。

「エレメンタリー ホームズ&ワトソン in NY」
シーズン1 第5話 より

Watson: Apparently, **your instincts were spot on.** Well done.

Holmes: Thank you.

Watson: Actually, it is I who should be thanking you.

Holmes: You've given me an idea as to why Danilo Gura would have killed Samantha Cropsey.

ワトソン：明らかにあなたの勘が的中したわね。上出来よ。
ホームズ：どうも。
ワトソン：いや、お礼を言うべきなのは私のほう。
ホームズ：君がぼくに着想を与えてくれたんだ。なぜダニオ・グラがサマンサ・クロップセイを殺したかに関してね。

解説 そのものスバリだとホメるときに使おう!

　誰かの考えや言動が状況にぴったり合っているときには、Spot on!（ドンピシャ、ズバリ的中！）と反応したりホメたりすることができます。spotとは「小さな範囲、点」のことで、それに on しているということはダーツのように的中しているということ。spot on（spot-on）で「ピッタリ、正確な」という意味の形容詞になります。ここでは**相手の勘や直観が完全に正しかった**と言っています。

　誰かの意見や人物評が的確だったり、本質を言い当てていたりするとき、驚きを込めて左ページのフレーズのように言うことができます。筆者の友人のイギリス人も、会話の中で筆者が的確な英語表現を使ったときは Yes, you're absolutely spot on about this.（そう、まさにその通りだよ）などと言ってくれたりします。類語としては Exactly.（まさに）や Precisely.（まさにその通り）がありますが、Spot on.（ズバリ的中）はそれらの表現とは違い、**芯を捉えている**というニュアンスがあるところが良いですね。

類似表現

Your Jude imitation is spot-on.
ジュードの物真似、すごく似てるわ。[アメリカン・ホラー・ストーリー　S2-9]

You were spot-on about him.
君は彼のことをよくわかっていたな。[ザ・ボーイズ　S3-8]

　spot on は spot-on ともつづられ、「ぴったり正確な、正鵠を得た」という形容詞としても使えます。また spot on about（人）とすれば、（人）の性格などを見抜いて評しているという意味になります。

016 ★ ★ ★ ★

友情を称えるときのフレーズ

Your friendship means the world to me.

君は大切な友人だ。

「ブルックリン・ナイン-ナイン」
シーズン8　第6話　より

Boyle: Sir, I want to apologize.

Terry: (muffled speech)

Boyle: Okay, I have no idea what you're saying. Look, I know the union set us up, but we let it happen. **Your friendship means the world to me**, and I would hate for it to be destroyed by a competition to sell more candy.

Terry: Me too.

. . . .

ボイル：心から謝罪するよ。
テリー：（声を殺してムニャムニャ話す）
ボイル：何を言っているのかわからない。ねぇ、ぼくらはハメられたけれど、ぼくたちも悪い。君は大切な友人だ。だから、キャンディーの売り上げ競争なんかで友情が壊れるのなんて嫌だよ。
テリー：俺もだ。

解説 自分にとって大切なことだと英語で語るには？

あなたにとって大事なもの、何より価値のあることを英語で語るには何と言えばいいのでしょう。A is important to me. であったり A means a lot to me. も悪くないですが、ちょっと大げさなくらい詩的な表現として A means the world to me. は覚えておいて損はない表現です。

直訳すれば「あなたの友情は私にとって世界と同じ価値を持つ」となるように、ここでは「**あなたとの友情が私にとっては世界のすべて**」ということを言っています。左ページは友人の優しい言動に感謝する場面で、感激しているからこそ強調された言い方をしているのです。日常的に使うには少々大仰なので、ここぞとばかりに感謝を伝えるときに使うと良いかもしれません。

類似表現

Means a lot to me.
ぼくにはとても大切なことなんだ。[glee/ グリー S4-6]

Oh, thank you. Coming from you, that means the world to me.
ありがとう、あなたにそう言ってもらえるのが一番うれしいよ。

It would mean the world to me.
私にはそれはとても大切なことなんだ。[ママと恋に落ちるまで S9-8]

Means a lot to me. は主語の It を省いた、よりカジュアルな言い方です。

Thank you. Coming from you, that means the world to me. は尊敬する人、一目置いている人にホメてもらったときなどに感謝を伝える言い方です。coming from you とは相手から言葉をかけてもらったことを表しています。

It would mean the world to me. は、友人に頼みごとをして、ダメ押しのように「大事なことなんだ、頼むよ」というニュアンスです。頼みを聞いてくれたらうれしいという気持ちが It would... の仮定法に込められていますね。また Part 2 の p.74 の We wouldn't miss it for the world! もよく似たニュアンスの表現です。

家に招待されたときのフレーズ

Thank you for having me.

お招きいただきありがとう。

「エミリー、パリへ行く」
シーズン2 第2話 より

Camille: So, those are my friends, Emily and Mindy.

Emily: **Thank you so much for having us.** Your house is amazing!

Mindy: It's just like the book cover.

· ·

カミーユ：こちらが私の友達、エミリーとミンディーよ。

エミリー：お招きいただきありがとう。素敵なお宅ですね。

ミンディ：まるで本の表紙みたい。

解説 招待してくれたホストに良い印象を残そう！

例えば海外でホームパーティーに招かれた際、**精一杯良い印象を残したいときには**最初にホストにこう言って会話を始めましょう。Thank you for having me. は「私を呼んでくれて（招いてくれて）ありがとう」という意味で、テレビ番組などでインタビューを受ける人や呼ばれたゲストが言ったりします。司会が Thank you for coming.（お越しいただきありがとうございます）と言ったら、ゲストが Thank you for having me.（こちらこそありがとう）と言うのが定番です。

海外ドラマでも他人の家に招かれて歓待を受けるシーンはよくあり、こうしたフレーズがよく聞かれます。左ページの例文の Your house is amazing! は招かれたお宅をホメているのですが、このあたりの相手への配慮や気遣いの仕方はどの国でも変わりませんね。

類似表現

You have a lovely home.
素敵なお宅ですね。[ブレイキング・バッド　S5-6]

Thank you so much for having usc. Your house is amazing! のように amazing な家と言うと豪邸をイメージしますが、より汎用性の高いほめ言葉がこちらです。lovely はイギリス人の口癖としてもよく知られますが、ざっくりとポジティブな意味を持つため、ここでは「居心地の良い、かわいらしい」などといった意味が想定できそうです。

著者は中学 3 年の修学旅行でアメリカに 1 週間ホームステイさせてもらいましたが、その準備として学校で「向こうのお宅に着いたらまず言いなさい」と教わったのが You have a lovely home. というフレーズでした。実際、先方には喜んでもらえたので、言っておいて損はない便利なフレーズだと思います。それにしても lovely なお宅の中でずっと靴を履いたままでいることには、最後まで慣れることができませんでした。

018 ★ ★ ★ ★

息が合っているときのフレーズ

We finish
each other's sentences.

私たちは息ピッタリ。

「ブルックリン・ナイン-ナイン」
シーズン3 第17話 より

Holt: Well, (Rosa) Diaz and I have that kind of easy chemistry where **we finish each other's—**

Rosa: **—Sentences.**

Holt: Please, don't interrupt me.

· ·

ホルト：ローザと私は気も合う、「ツー」と言えば……。
ローザ：「カー」。
ホルト：邪魔しないでくれ。

解説 『アナ雪』にもパロディ表現が登場 !?

　仲の良い双子や腐れ縁の友人同士、または長年連れ添った老夫婦と話していると、あまりに通じ合っていて交互に話しているのにまるで 1 人のセリフみたいになっていることがありますよね。阿吽の呼吸、以心伝心というような、息がピッタリな 2 人のことを言うのがこのフレーズです。ここでの finish は「言い終える」という意味で、「お互いの言いたいことがわかるので引き取って自分で言ってしまえる」、それほど息がピッタリという例えになっています。

　またドラマの演出上、左記のように We finish each other's... まで 1 人目が言うと、2 人目が Sentences. とすかさず言うシーンが多いようです。このように、仲の良い相手に対して直接言うより、第三者に向かってツーカーの仲をアピールしたり、そんな仲良しコンビのことを They finish each other's sentences. などと第三者が評する使い方が多く見られます。

　自分の英会話が上達したなと実感できるのは、英米人の友人と話していて finish each other's sentences ができた瞬間だったりします。友人：God, I can't stand him, such a...（あいつには困ったもんだ。本当に…）／自分：Pain in the backside?（うっとうしいよね）というように。普段から英語をフレーズ単位で覚え、会話のパターンとして学習することで、ネイティブならセリフをどう着地させるかわかるようになってしまうんです。

類似表現

Sometimes they finish each other's sentences?
セリフがハモるくらい仲良かったりして？［モダン・ファミリー　S2-7］

Are you thinking what I'm thinking?
今同じこと思ってる？［ハウス・オブ・カード 野望の階段　S4-3］

We finish each other's... / Sandwiches!
「ツー」と言えば……。／サンドイッチね！［映画『アナと雪の女王』より］

　左ページのフレーズを揶揄したジョークとして、sentences と響きがよく似た sandwiches に替えてしまったのが 3 番目の例です。「息合って……ないじゃん！」というツッコミ待ちなんでしょうね。

019

容貌が似ているときのフレーズ

I see the family resemblance.

（家族に）似ているな。

「ベター・コール・ソウル」
シーズン5　第3話　より

Lalo: You had business with my cousin, Tuco.

Jimmy: Tuco? Ohh. Oh, sure, sure, yeah. A—And **I see the family resemblance.** Your cousin makes quite an impression. You know, he... he has a huge heart and a... a serious passion for justice.

Lalo: He's got a temper, huh?

Jimmy: I hadn't noticed.

・・・・・・・・・・・・・・・・・・・・・・・・・・・・・・・・

ラロ：あんたは俺の従兄弟と仕事をした、（麻薬密売人の）トゥコだ。
ジミー（ソウル・グッドマン）：トゥコ？　あぁ、そういや似ているな。君の従兄弟には感銘を受けた。か、彼は心が広くて……正義への真剣な情熱がある。
ラロ：ヤツはすぐキレただろ？
ジミー：気づかなかったな。

解説 👆 **顔のパーツが似ているときは何て言う？**

　よく知った人の家族に会う機会があると、性別が違ったとしても顔のパーツや全体の雰囲気がどこか似ていて妙に納得することがありませんか。いちいちコメントする必要は全くないのに、「**やっぱり似てるよねー**」なんてつい言ってしまうことがぼくにはよくあります。そんなとき英語ではこう表現することができます。

　前半の I see というのはもちろん、写真や本人を目の前にしているので人の姿が見えているから。後半の family resemblance は家族だからこその似ている点のことです。この表現は若干硬いものなので、言い方が平坦過ぎたりすると容姿を冷たく論評しているような、間違った印象を与えてしまうかもしれません。下記の類似フレーズのほうが柔らかい表現なので、適宜使い分けるのがよさそうです。

類似表現

You have your mother's eyes.
お前の目は母親とソックリだ。[映画『ハリーポッターと死の秘宝』]

I have a soft spot for siblings.
私、きょうだいを見ると可愛くて仕方ないの。[ロイヤル・ペインズ—救命医ハンク　S1-5]

　直訳するとなんだか不思議というか不気味になってしまいますが、ごく一般的で日常的な表現です。主に両親などの特徴を受け継いでいることをこのように表現したりします。日本語でも「お母さんの目をしてるよね」などと言うことがありますよね。

　他人のお子さんの写真を見せてもらったときには「わー、かわいいですね！」であったり、「目がそっくりですね」などとコメントするのは鉄則ですよね。「お母さんと目がそっくりですね」と言いたいときに、英語ではこのように言うことができます。また、2つ目のフレーズにある siblings（兄弟・姉妹など）も便利に使える家族関係の単語です。

020

家族に似てきたと言いたいときのフレーズ

I am turning into my father.

親父に似てきたかな。

「フルハウス」
シーズン1　第22話　より

Jesse: Regardless, Joseph and I must deal with your misconduct, young lady. Misconduct? Young lady? **I really am turning into my father.** (To Joey) If I start wearing a white belt and shoes to match throw me down the stairs.

Joey: I'd be honoured. D.J., we're going to have to punish you. No TV for 2 weeks.

Jesse: You call that a punishment?! No TV and no music for two weeks!

･ ･

ジェシーおじさん：とにかくだ。ジョセフと俺は、君の不正行為に対処せねばならん、お嬢さん。不正行為？　お嬢さん？（何言ってるんだ？）親父に似てきちゃった。（ジョーイに）もし俺がベルトと靴を白でそろえ始めたら階段に突き落として。
ジョーイ：任せとけ。D.J.、これから俺たちは君に罰を与える。2週間テレビなしだ。
ジェシーおじさん：それが罰？　2週間テレビも音楽もなしだ！

解説 ✍ 容貌ではなく、言動が似てきたときは？

turn into... で「〜に変わる、変身する」という意味になります。ただし、ここでは**実際に姿を変えるわけではなく、その人に言動が似てきた**ということです。この例では、ふとしたときに父親と同じような言動をしてしまい、それに少しショックを受けています。時には反発してきた父親の癖や考え方に、年を取るとともに自分も似てきたというのが衝撃なわけですね。

turn into one's father つまり父親に似てくるというのは、自分も年を重ねて、必ずしも好きでなかった父親の一面がこのように自分のうちにも見つかるということなのでしょう。ほんのりと哀愁を感じる大人っぽいフレーズです。

類似表現

Oh, my God. I sound like my mother...
やだ、お母さんみたいなこと言っちゃってる。[ロスト・ガール　S3-11]

Your mother started having visions around your age.
お母さんもあなたの年頃に幻視するようになったわ。[ウェンズデー　S1-2]

1つ目は、とっさに口をついて出た言葉が普段自分が母親に言われてうんざりしているようなことでショックを受けている状況です。sound like... で「〜と同じようなことを言っている」という意味になります。また、sound just like... のように間に just を挟むことで、「まさに」と強調することもできます。

Your mother started having visions around your age. は、第三者が、あなたの親もまたあなたと同じようなことがあったと言うことで、相手が親に似ていることを伝えている表現です。

021

「しっかりしろ！」と言うときのフレーズ

Pull yourself together.

しっかりするのよ。

「ウェンズデー」
シーズン1 第1話 より

Wednesday: I want names.

Pugsley: I don't know who they were, honest. It happened so fast.

Wednesday: Pugsley, emotion equals weakness. **Pull yourself together.** Now.

· ·

ウェンズデー：誰にやられたの？
パグスリー：わからないよ、誰がやったかなんて、本当に。一瞬の出来事だったんだ。
ウェンズデー：パグスリー、感情は弱さと同義よ。しっかりしなさい。今すぐ。

解説 ✍ 友人キャラが主人公に喝を入れるときのセリフ!?

このフレーズが聞かれるのは、興奮して浮き足立っていたり、何かにショックを受けて何も手につかなくなった主人公に喝を入れる友人キャラなどのセリフとしてです。「自分自身を引き寄せる」、つまり**平静な心持ちで自分らしさを保つこと**を pull oneself together と言います。

逆に落ち込んでくよくよしている友人がいたら、こう言って励ましてあげるのも手かもしれません。

類似表現

You got to pull yourself together, man.
しっかりしろって相棒。[サバイバー：宿命の大統領　S1-12]

I needed a kick in the butt.
気合を入れてくれて良かった。[インスティンクト―異常犯罪捜査―　S1-3]

I guess I'm spread too thin.
散漫になってたかもな。[グレート・ニュース　S1-5]

サスペンスドラマなどで切迫した状況であったりすると、1つ目のフレーズのように you got to (you have got to の略) が頭に付くことがあります。

2つ目のフレーズは、文字通りお尻を蹴飛ばされた、つまり弛んでいた自分を誰かが叱りつけ、気合を入れてくれたということになります。

pull oneself together の対義語を探すのは難しいですが、筆者はこの3つ目のフレーズも一案かと考えています。これはいくつもの仕事や家庭のことなど色々なことを気にしすぎ、集中力を欠いてしまっている状態を spread thin (伸びて薄くなってしまった) と形容しているわけです。

その他、次の類似フレーズも要チェックです。Pull it together. (しっかりしなきゃ)、Snap out of it! (しっかりしろ！)、You're better than this. (お前はこんなもんじゃない)、Last night was such a wake up call. (昨晩のことで色々考えさせられたわ)。

I have a beef with you.

あなたとは確執があるわね。

シーズン5 第16話 より

Dad: So we're just supposed to accept the fact that we'll never see you again?

Lorelai: You can see me any time you want, dad. **I have no beef with you.**

Dad: I see.

Lorelai: Well... Uh, dad? While you're all calm and quiet there, can I ask you a question?

. . . .

父親：それじゃ、私たちは、お前たちに二度と会えないという事実を受け入れることになるのか？
ローレライ：父さんは私に好きなときにいつでも会えるわよ。私は父さんとは何の確執もないんだから。
父親：そうか。
ローレライ：父さん？　落ち着いたところで、1つ質問してもいい？

解説 🖐 直訳では意味不明な、英語の慣用表現にご注意！

　直訳すれば「あなたとの間に牛肉がある」となり意味不明ですが、スラングというか慣用表現で beef は因縁、確執、不満や揉めごとの種のことを指します。ヒップホップを聞く人はディスり合うことを beef と言うことはご存じですよね。例えば I have a beef with him. と言うと「**彼と揉めている**」という意味になるのです。どうも起源がはっきりとわからないのですが、険悪な仲であるという言い方としては大変一般的です。

　一緒に覚えておきたいのが history の使い方です。We have history between us. で、「私たちの間には色々あったんだ」と、やはり因縁めいた関係を表すことができます。ここで使われている history の意味合いは「人と人との間の歴史」、つまり beef と同様に、喧嘩した過去やその後の関係のことを表しています。

類似表現

There's beef between India and Derrik, and everyone is eating it!
インディアとデリックは険悪そのもの。そして私たちはそれを楽しんでいる！
[ル・ポールのドラッグ・レース：オールスターズ　S5-1]

I had a falling out with Raj.
ラージと喧嘩したんだ。[ビッグバン★セオリー　S11-10]

　1つ目は beef という表現を活かし、険悪な仲の2人のビーフを周りの皆は面白がっている、つまり美味しいゴシップとして堪能しているということを、eat it（eat beef＝ビーフを食べる）と言い表しています。

　2つ目の falling out は喧嘩して仲違いしてしまった状態を指します。

023

仲直りするときのフレーズ

Let's bury the hatchet.

仲直りしようよ。

「glee/ グリー」
シーズン 1　第 14 話　より

William: If you're back, **let's bury the hatchet.**

Sue: I won't be burying any hatchets, William... unless I happen to getta clear shot to your groin. You humiliated me.

William: You did this to yourself, Sue. All I did was enjoy watching it happen.

Sue: Yeah, well, enjoy this, William. Now that I am back and my position is secured, I will not stop until you are fired, and your little Glee Club is annihilated into oblivion.

William: Bring it.

. . . .

ウィリアム：君が戻ってくるんなら、仲直りしよう。

スー：仲直りなんてするもんか、ウィリアム。あんたの股間を蹴っ飛ばすことができれば話は別だが。あんたは私に恥をかかせたんだ。

ウィリアム：自業自得だろ、スー。ぼくはただ見物を楽しんでいただけだ。

スー：そうとも楽しみはこれからだよ、ウィリアム。復帰して立場が確保されたからには手加減なしさ。あんたがクビになり、グリークラブが壊滅するまではね。

ウィリアム：やってみろよ。

解説 平和の儀式が由来のフレーズに注目しよう！

　仲直りを表すフレーズとして面白い例が bury the hatchet です。直訳すると「手斧を埋める」となりますが、これは、**ネイティブアメリカンの習慣**で、部族同士の争いが終わったときには手斧を一緒に埋めることで平和の儀式としたという故事から来ているとか。

　こうした背景があるため、カジュアルというよりはフォーマルな印象の強い表現です。ドラマにおいてもある程度インテリのキャラが使うことが多い傾向があります。

類似表現

I want you to bury the hatchet with Jack.
ジャックと関係を修復してくれない？［SUITS/ スーツ　S5-3］

I don't bury hatchets.
仲直りしないわよ。［ウェンズデー　S1-6］

To burying the hatchet.
仲直りに乾杯。［ビッグバン★セオリー　S6-9］

　3つ目のフレーズは、一度は喧嘩になった友人グループが仲直りを祝して乾杯するシーンからの引用です。このフレーズは文頭の Let's drink や Let's have a toast（乾杯しましょう）が省略された形だと考えられます。またこれらに to ＋名詞（動名詞）を加えることで「〜のために、〜を祝って」の意味を補足することができます。Let's drink to our success.（我々の成功を祈って乾杯）、Let's have a toast to the New Year!（新年に乾杯！）。単に「乾杯！」とだけ言う場合は、Cheers! だけでも大丈夫です。

024

気が動転したときのフレーズ

I don't know what got into me.

俺、どうかしていたよ。

「グレイス＆フランキー」
シーズン7　第11話　より

Wife: But are you gonna be okay with being a divorce lawyer?

Bergstein: Yes. **I don't know what got into me.**

Wife: Mm.

Bergstein: I've got you, I've got Faith. I've got everything I ever wanted.

・・・・・・・・・・・・・・・・・・・・・・・・・・・・・・・・・

妻：でも、（転職しないで）離婚弁護士のままでいいの？
バド：ああ。俺、どうかしていたよ。
妻：ええ。
バド：俺には君がいて、フェイスがいて、それが俺が欲しかったもののすべてさ。

過去の自分の言動や判断を振り返って、おかしくなっていた、どうかしていたと反省するフレーズ。直訳すれば「何が自分の中に入り込んでいたのかわからない（何に憑依されていたのかわからない）」ということになり、あのときの自分はどうかしていたのだと言い訳するような言い方になります。

　get into... は「〜に入り込む」という意味なので、何か悪霊のような変なものが人に憑りつき妙なことをさせている、というイメージのもとで作られた表現です。

類似表現

What's got into you today?
今日君はどうしちゃったんだ？ [ザ・クラウン　S4-10]

What's got into him?
彼はどうしちゃったの？ [ザ・ボーイズ　S3-7]

I can't really get into that right now.
マジで今その話はできないのよ。[LUCIFER/ルシファー　S6-1]

　1つ目のように into... の後を me から you に替えると、「その人らしくない」言動をしている相手に、「どうしちゃったの？（君らしくもない）」とたしなめる言い方となります。

　その他、get into を使った表現に、3つ目のフレーズのような I can't get into that right now.（今その話はできない）があります。この場合の get into は「取り上げる、話題にする」という意味です。

025 ★ ★ ★ ★

秘密の話をするときのフレーズ

This doesn't leave the room.

秘密にしておいてよ。

「グレイス＆フランキー」
シーズン7　第6話　より

Grace: Don't you want to hear the juice from a
hot-shot trader?

Frankie: Not really.

Nick: Okay. **But this doesn't leave the room.**
The real story behind shorting ComTeq...

・・・・・・・・・・・・・・・・・・・・・・・・・・・・・・・・・・・・・

グレイス：有能なトレーダーからゴシップを聞きたくない？
フランキー：別に。
ニック：わかった。でも、ここだけの話だぞ。コムテックを空売りした本当の理
由は……。

解説　慣用表現はシチュエーションとセットで覚えよう！

　誰かと打ち解けるほどに、人には言えない内緒話をすることも増えるものです。そんなときに、「あなただから話せる」「他言無用だよ」と念押しするためのフレーズがこちら。

　秘密の内容（this）が、今いる空間（room）から出ていかないように、という感覚です。秘密が雲、あるいは風船のようにフワフワ漂って出ていってしまうイメージなのでしょう。

　こうした慣用表現は、字面だけでは意味がわかりづらい一方で、**言われたら素早く反応しなくてはいけない場合が多い**のが困るところです。ドラマなどで表現の意味をつかみ、しっかりシチュエーションと関連づけて記憶するのが一番良いでしょう。

類似表現

This is staying between us.
この話は私たちの間に留めておこう。[glee/ グリー　S5-7]

But you didn't hear it from me.
私から聞いていないことにしてね。[エミリー、パリへ行く　S1-6]

This conversation never happened.
この話はなかった、いいな。[ブルックリン・ナイン - ナイン　S7-5]

　leave（離れる）の対義語に stay（留まる）がありますが、これを用いた類似フレーズとして This stays between us.（この話は私たちの間に留めておこう）というものもあります。

　2番目に挙げた表現は、If anybody asks, you didn't hear it from me.（もし誰かに聞かれても、私からは聞いていないですよね）などと前置きが付いた形で使われることもあります。

　やり取り自体がなかったと言いたい場合は、This conversation never happened. や This conversation never took place. などの表現が使えます。

026 ★ ★ ★ ★

「悲劇のヒロイン」を揶揄するときのフレーズ

She's a real drama queen.

彼女って本当に大げさだよね。

◀ 「ブルックリン・ナイン - ナイン」
シーズン 3 第 13 話 より ▶

Terry: Sir, Gina and I are worried about you. You're drinking a second can of seltzer.

Holt: I need this to settle my nerves. Hurricane Debbie is approaching. My little sister Debbie, she's a real **drama queen**.

Gina: The **drama queen** of the Holt family? What, did she laugh out loud one time?

· ·

テリー：署長、ジーナと私は心配しています。炭酸水の缶を 2 本も飲むなんて。
ホルト：私は神経を落ち着かせる必要があるんだ。嵐のようなデビーがこちらに向かっているからな。妹のデビーはお騒がせ女王なんだ。
ジーナ：ホルト家のお騒がせ女王ってわけ？　一度大声で笑ったとか？

解説　女性だけでなく、男性にも使える！

　親しい相手にこそ、親身に相談に乗るだけではなくて、ときには「考え過ぎじゃない？」と諭すことも必要になってきます。drama queen とはいつも自分が主人公になって騒ぎ立てる人のことで、これはそうした人に苦言を呈する際に使えるフレーズです。些細なことで騒いだり、芝居がかった行動をしたり、いつも自分が輪の中心にいなくては気が済まない人のことを言います。queen が含まれていますが、**女性だけではなく男性にも使われる**表現です。

類似表現

> ## Sounds like a drama queen.
> 必要以上に騒ぎ立てる人みたいだな。［ビッグバン★セオリー　S9-8］
>
> ## You might be overreacting.
> ちょっと大げさじゃない？［ギルモア・ガールズ　S4-19］

　小さなことに悩んで浮足立っている相手を落ち着かせるときに使えるのが2つ目のフレーズにある overreact（過剰反応）です。オーバーに react（反応）するという意味通り、何でもないことに大げさに反応することを指します。

　drama queen も同様ですが、主に人間関係で悩みすぎて過剰な振る舞いをしてしまうことを言うため、ドラマでは、恋愛に悩む主人公を支える親友キャラクターなどのセリフとしてよく聞かれます。

027

心配するときのフレーズ

I was worried sick about you.

本当に心配したんだから！

◀◀ 「アンブレラ・アカデミー」
シーズン1　第2話　より ▶▶

Vanya (Number Seven): I was worried sick about you.

Number Five: Sorry I left without saying goodbye.

Vanya (Number Seven): No, look, I'm the one that should be sorry. Yeah, I was dismissive, and... I... I guess I didn't know how to process what you were saying.

・・・・・・・・・・・・・・・・・・・・・・・・・・・・・・・・・・・

ヴァーニャ：本当に心配したんだから。
No.5：さよならも言わずにいなくなってごめん。
ヴァーニャ：いいえ、謝るべきなのは私のほう。ええ、私は否定的で……、あなたが言っていたことをどう処理したらいいかわからなかった。

解説　めちゃくちゃ心配したときに使える！

　出典は長いこと連絡が取れなかった家族に再開できたときのセリフから。連絡が取れなくなったりした人の安否を心配しているときに言うフレーズです。I was worried about（人）で、「（人）のことを心配していた」という意味になりますが、間に sick（体調が悪い）を比喩として挟むことで「体調が悪くなるほど心配した」という慣用表現になります。

　家族や気に掛けている人から連絡が滞ると気分が悪くなるほど心配になるのは、誰しも経験があることでしょう。

類似表現

Are you feeling okay?
体調は大丈夫？［ウェンズデー　S1-1］

Is everything okay?
変わりない？［ウェンズデー　S1-1］

Sick of you telling me I'm sick.
だからぼくは大丈夫だって。［ママと恋に落ちるまで　S2-11］

　1番目、2番目とも調子が悪そうな相手を気づかうフレーズです。2つ目の Is everything okay? は「大丈夫ですか？　変わりない？、万事順調？」などと相手のことを心配するフレーズです。

　sick を使った表現として押さえておきたいのが、sick of...（〜に飽き飽きした）です。これは何かをあまりに多く経験することで、気分が悪くなるほどいやになったという意味になります。この3番目の例では、風邪を引いていること（sick であること）を頑なに認めようとしない登場人物が、彼のことを心配した友人に「ぼくが sick だと言われるのはうんざりだ！」と似た表現を使って噛みついているのでした。

028

称賛するときのフレーズ

I'm proud of you.

よくやったな！

「ブルックリン・ナイン-ナイン」
シーズン4 第3話 より

Holt: I'm sure it will be magical when you see her. And... guess what?

Jake: What?

Holt: I'm done. I've sewn myself up.

Jake: Huh.

Holt: You did great, buddy. **I'm proud of you.**

Jake: I can't believe I did it. I'm so strong!

・・・・・・・・・・・・・・・・・・・・・・・・・・・・・・・・

ホルト署長：きっと彼女に会えば魔法にかけられる。そして……何だと思う？
ジェイク：何？
ホルト署長：やり遂げた。私がこの手で縫い上げた。
ジェイク：はっ。
ホルト署長：よく耐えたな、相棒。よくやった。
ジェイク：俺がやり遂げたなんて信じられない。俺って超強い！

解説　イロイロな称賛フレーズを覚えておこう！

　家族や親しい友人がなにかを成し遂げたときは自分のことのように誇らしいもの。そんなときに手放しに称賛するためのフレーズです。ある目標や夢に向かって頑張っていた姿を知っている、近しい人だからこそ言えるあたたかさにあふれた表現です。

類似表現

You should be proud.
誇りに思ったほうがいいよ。[コミ・カレ‼ S6-11]

You must be very proud of yourself.
誇りでしょうね。[ギルモア・ガールズ　S2-5]

If I had had a son, and uh, he'd turned out like you, I would be very proud of him.
もし私に息子がいて、彼が君のように成長したとしたら、私は息子をとても誇りに思うだろう。[ブルックリン・ナイン - ナイン　S8-10]

　１つ目のフレーズも相手を称賛するシーンでよく使われます。You should be proud. とも You should be proud of yourself. とも言います。

　２つ目のフレーズの must は「～しなければならない」という強制の意味ではなく、ここでは「～にちがいない」「きっと～でしょう」という確信の意味で使われています。

029

飲み会に誘うときのフレーズ

What do you say we get together?

飲みに行かない?

「SUITS/スーツ」
シーズン5　第9話　より

Mike: Whatever happened between you and me, you're the closest thing to family that I have. So, **what do you say we get together?**

. . . .

マイク：（電話にて）お前とぼくとは色々あったけれど、お前とは家族も同然だ。だから、飲みに行かないか？（会わないか？）

解説 「一杯やろうよ？」は英語で何と言う？

What do you say...? で、「どう思う？」と人に何かを提案することができます。人が get together するというと、カジュアルな集まりを持つことを指します。左ページで例に挙げたシーンは、久々に再会した旧友を電話で飲みに誘うシチュエーションでした。

類似表現

Actually, what are you doing tonight?
そうだ、今晩空いてない？［エミリー、パリへ行く　S1-4］

Wanna grab a beer before you go home?
帰る前に一杯飲みに行かない？［ブルックリン・ナイン - ナイン　S5-18］

英語のルールとして、**とても近い未来のことは現在形で表す**ため、ここでも what are you doing? という形になっています。話の流れで急に今晩の予定に誘おうと思い付いた感じのニュアンスが Actually, の部分に表れています。

日本語の慣用表現として定着している「一杯やる」は、英語では grab a beer と言います。grab は「つかむ」という意味の単語ですが、grab a beer と言えば「（軽く）一杯飲むこと」、grab a bite と言えば「軽く食事すること」という意味になります。

030 ★ ☆ ★ ★

友人の友人に会うときのフレーズ

I've heard a lot about you.

お噂はかねがね。

「ロイヤル・ペインズ—救命医ハンク—」
シーズン 1　第 6 話　より

Evan: So, yeah, we've never offcially met, but **I've heard a lot about you.** Evan R. Lawson, CFO of HankMed.

Tucker: Tucker Bryant, 16.

Evan: Cool. So that's your Ferrari outside, huh?

Tucker: Yeah, one of them.

・・・・・・・・・・・・・・・・・・・・・・・・・・・・・・・・・・・

エヴァン：きちんとお会いしたことはなかったけど、君の噂は聞いているよ。俺はエヴァン・ローソン、ハンクメッドの財務責任者だ。
タッカー：タッカー・ブライアン、16 歳だ。
エヴァン：いいね。外にあるフェラーリは君の？
タッカー：あぁ、数あるうちの 1 台さ。

解説 初対面の印象を良くするフレーズを覚えておこう！

　友人の友人に引き合わせられるのは多少気まずかったりもしますが、意外と意気投合できたりして人の輪が広がるので、ぜひそうしたときの対応を英語でも覚えておきたいところです。左の英文で、We've never officially met, but... の部分は、officially（きちんと、正式に）お会いしたことはないけれど……ということを言っています。それに続く表題のフレーズには、「**共通の友人からその人の人柄などについて色々聞いていた**」、「**以前から会いたかった**」というような含意があります。

　以下の類似フレーズと併せて、第一印象を良いものにする表現を覚えましょう。

類似表現

It's been a pleasure meeting you.
お会いできて光栄です。［ロイヤル・ペインズ―救命医ハンク―　S1-6］

Good to finally meet you, Samantha.
やっと会えましたね、サマンサ。［SUITS/ スーツ S8-2］

I believe an introduction is in order.
そろそろ自己紹介してもいい頃ですね。［インスティンクト―異常犯罪捜査―　S1-8］

　1 つ目のフレーズは、It was a pleasure meeting you. とも言います。It was nice meeting you.（お会いできて良かったです）よりも丁寧でフォーマルな言い方となります。

　職場や友人を通してお互いにその存在は知っていたときは、「ようやくお会いできましたね！」というのが定石でしょう。英語では簡単な文で表せます。2 つ目のフレーズのように Good to meet you.（お会いできてうれしいです）に finally（やっと、最終的に）を挟むだけで良いのです。

　3 つ目の an introduction is in order は It's high time that I introduce myself to you. の意味です。

031

誘いに応じるときのフレーズ

We wouldn't miss it for the world!

絶対に行くよ！

「モダン・ファミリー」
シーズン10　第20話　より

Mitchell: Hey, Claire. What's up?

Claire: So, Haley and Dylan decided to get married, and they'd be devastated if you weren't there.

Mitchell: Oh, of course! **We wouldn't miss it for the world!** Just tell us when.

Claire: In about an hour.

· ·

ミッチェル：（電話を取って）はい、クレア。何？
クレア：ヘイリーとディランが結婚を決めたの。あなたたちがいないと、2 人がショックで悲しむだろうから（来てくれる？）。
ミッチェル：おぉ、もちろん！　絶対に行くよ！　いつか教えて。
クレア：1 時間後よ。

解説 🖐 乗り気だと、力強く返答しよう！

　何かイベントに誘われて「絶対に行くよ」と乗り気で言うときのフレーズです。直訳すれば「世界に代えてでも行く」という意味になるように、並々ならぬ思い入れを感じさせる表現です。そのため、ただの面白いイベントに行くというイメージではなく、誘ってくれた人にとって大切な出来事であることが多く、その大切なイベントに誘うくらい深い友情を表していることが多いのがポイント。

　例えば普通に映画に誘われてもこうまでは言わないでしょう。自分も相手もずっと楽しみにしていた思い出の映画の続編だったり、それこそ相手が出演している作品だったりしたら、ピッタリな表現だと思います。

　miss（動詞）には「惜しがる・寂しがる」といった意味もありますが、ここでは「逃す」ということです。また、主語のIやweを省略してカジュアルな雰囲気にすることもできます。

類似表現

I wouldn't miss it for the world.

ぜひ行くよ。[SUITS/ スーツ　S6-12]

Wouldn't have missed it for the world.

行って良かったよ。[SUITS/ スーツ　S5-10]

We wouldn't miss it for anything, Mr. Schue.

何があっても行きますよ、シュー先生。[glee/ グリー　S5-3]

　2番目に挙げたのは、主語のIを省略したパターンです。さらに完了形にすることで「行って良かった（その機会を逃さなくて良かった）」という満足感を示しています。

　wouldn't miss it for the world（世界に代えても）の別パターンとしてfor anything（何に代えても）という言い方もあります。前者が少し大仰に聞こえると思う場合は、後者の表現を使ってみてもいいかもしれません。

032

渋々承諾するときのフレーズ

If you insist.

しょうがないな。

「LUCIFER ／ルシファー」
シーズン3　第2話　より

Dr. Martin: Yes. It certainly was a... traumatic experience. Fortunately, I'm trained to deal with that sort of thing, and I'm doing just that.

Lucifer: And there's nothing I can do to help?

Dr. Martin: Yes. You can let me get back to you.

Lucifer: Oh, **if you insist**. I haven't even told you the worst part, have I?

・・・・・・・・・・・・・・・・・・・・・・・・・・・・・・・・

マーティン博士：ええ。確かにあれは……トラウマ級の経験だった。幸いにも私はそういったことに対処するよう訓練されているし、対処している。
ルシファー：何かぼくに手伝えることは？
マーティン博士：ええ。話を戻してくれるかしら。
ルシファー：では、そうしよう。まだ最悪な部分を君に話していなかったね。

解説 相手の主張を大人しく受け入れる場合に使える！

相手に何か頼まれた際、「仕方ないな」と承諾するときに使えるフレーズです。insist は「主張する」という意味で、「あなたがそんなに言うなら、そうしてあげないこともない」というような余裕しゃくしゃくな響きもあり、左記の例などはまさにそうでしょう。

類似表現

I insist on it.
ぜひやらせてください。［アンブレイカブル・キミー・シュミット　S3-6］

Okay, if you insist.
オッケー、しょうがないな。［ビッグバン★セオリー　S4-4］

1つ目のフレーズは、なにか立場上や感情的に譲りたくないポイントがあるときにそれを主張する表現です。例えばレストランなどで「いえ、ここは私の顔を立てると思って払わせてください」などというお会計の攻防がくり広げられることがありますが、そうした場合にぴったりです。I insist. のみでも良いのですが、例にあるように I insist on it.（it が譲れないポイントのこと）と言うことも一般的です。

逆にそうした強い主張を受けて折れる場合は、表題のように If you insist. と言っておとなしく受け入れるのも大人というものでしょうか。

033 ★ ★ ★ ★

誘いを断るときのフレーズ

Maybe some other time?

また今度でいい?

「コミンスキー・メソッド」
シーズン1　第4話　より

Sandy: You wanna go grab some lunch?

Lisa: Uh, I can't. I wish you'd asked me earlier.
I... I actually have other plans.

Sandy: Okay.

Lisa: I'm sorry.

Sandy: No, don't... don't be.

Lisa: **Maybe some other time?**

Sandy: I would like that.

· ·

サンディ：ランチにでも行かないか?
リサ：あぁ、だめ。もっと早く誘ってくれたら良かったのに。別の予定を入れちゃったわ。
サンディ：了解。
リサ：ごめんね。
サンディ：いや、気にするな。
メアリー：別の機会に?
サンディ：ぜひ。

解説 脈アリかナシかを判断しよう！

　急に声をかけられて何かに誘われても、都合が悪くて断らざるをえないこともあります。そうしたとき「ごめんね、また今度にしてもらっていい？」というのがこのフレーズ。Maybe...? は提案する言い方で、some other time は今日ではない別のタイミングのことを指します。

　忙しいときに声をかけられて、余裕のない中で受け答えるので手短に断るような感じで、あまり実現する脈がないフレーズです。つまり、次回は予定を空けるから絶対に行こうねというわけではなく、「**とりあえず今回はパスで**」と言っているだけなのです。考えようによってはやんわりと断っている場合もあるため、こう言われた側はまた誘っていいのかどうか察する必要が出てきます。

類似表現

> ### How about sometime next week?
> 来週のどこかでどう？
>
> ### Can we take a rain check?
> 延期させてもらっても？ ［マーベラス・ミセス・メイゼル　S1-5］

　sometime next week（来週のどこか）と、期間を限ることで、some other time よりも具体的に予定を立てようとしており、まだ実際に会える可能性があり、脈があるのが 1 つ目のパターンです。

　一方、リスケジュールするフレーズとしては 2 つ目の Can we (I) take a rain check? のほうが有名かもしれません。表現の由来は、野球の試合の日に雨が降ってキャンセルになってしまった場合、観客に rain check という券が配られたことによります。その券があれば別の日の試合に振り替えることができたことから、それが転じてダメになってしまった予定を別日に振り替えることを take a rain check と言うようになったのだとか。Maybe some other time? よりも乗り気で、必ず埋め合わせしようという感じが出る表現です。

家族のようだと伝えるときのフレーズ

You're like the brother I never had.

ずっと君みたいな兄弟が欲しかったんだ。

「モダン・ファミリー」
シーズン 10　第 8 話　より

Mitchell: I'm as big a *Star Wars* fan as you are.

Phil: It was never about *Star Wars*. It was about spending time with you.

Mitchell: Oh. Really?

Phil: Yes.

Mitchell: I love spending time with you!

Phil: You do?

Mitchell: Totally! **You're like the brother I never had.**

. . . .

ミッチェル：ぼくも『スター・ウォーズ』の大ファンだよ、君と同様にね。
フィル：『スター・ウォーズ』のことじゃない。君と一緒に過ごしたかった。
ミッチェル：え、本当？
フィル：あぁ。
ミッチェル：ぼくも君と過ごすのが大好きだよ。
フィル：そうなの？
ミッチェル：もちろん！　ずっと君みたいな兄弟が欲しかったんだ。

短いですが非常に情報量の多い、そして熱い感情のこもったフレーズです。直訳すれば、「君は、ぼくにはずっと居なかった兄弟のようだ」となり意味不明ですが、出典としたドラマではこのキャラクターは男の兄弟がおらず、ずっと憧れていたことが明かされます。つまり the brother I never had とはずっと欲しかった兄弟のこと、そしてこのフレーズでは、相手はその理想にそっくりなほど気が合うという 2 つのポイントを言いたいのです。

類似表現

We're brothers from another mother.
俺たちは兄弟みたいなもんだからな。[glee/ グリー　S2-8]

How progressive of you to have a multicultural evil twin.
多文化の邪悪な双子を持っているなんてどれだけ進んでるの。[コミ・カレ‼　S3-2]

　仲の良さを表す、かなりくだけた表現が 1 つ目のフレーズです。直訳すると「腹違いの兄弟」となってしまい、それが本当なら少しふれづらい話題になる気もしますが、大抵の場合はただ兄弟のように仲の良いという意味で使われるようです。

　また、日本語にはない発想ですが、英語では誰しも evil twin（悪魔の双子）がいる、という共通のジョークのような言い方があります。これは本人とは正反対の性格を持つとされるため、誰かが変な言動をしたり、いつになくいじわるだったりしたら「あれは悪魔の双子のほうだったんだ」などという言い訳に使われたりするのです。

035 ★ ★ ★

I'm pretty open late in the week.

週の後半は結構、空いてるわ。

「ロイヤル・ペインズ―救命医ハンク―」
シーズン1 第4話 より

Hank: How about Monday?

Jill: Budget review. Tuesday?

Hank: Yeah. No. More NCMs. How about Wednesday?

Jill: Yet another staff meeting. This Sunday looks good. Sunday morning? Okay. Um yeah, **I'm pretty open late in the week.**

Hank: No, no. Let's do it Sunday.

· ·

ハンク：月曜は？
ジル：予算会議よ。火曜は？
ハンク：いいよ。だめだ。NCM（新規の客）だ。水曜はどうかな？
ジル：別のスタッフ会議。今週の日曜が良さそう。日曜の朝は？（気まずい沈黙）
いいわ、うん。週の後半なら結構空いているから……。
ハンク：いや、いいよ。日曜にしよう。

解説 予定調整のためのイロイロな表現

　ここでは、予定を聞かれ、自分の空いている日程を伝えるときのフレーズを取り上げます。左の例文では、I'm open に pretty を加えて強調しています。

類似表現

My Friday night is wide open.
金曜の夜なら完全に空いてるよ。

How does one-thirty sound?
1 時半はいかがでしょうか？［ロイヤル・ペインズ—救命医ハンク— S1-4］

Lucky for you, I have a hole in my schedule.
良かったな、私も丁度暇な時間がある。

　「空いている」を open と表現することから、これを強調する際は、pretty 以外では wide を用いて「広く空いている」と表現すると open と相性が良いようです。

　2 番目のフレーズは、電話で相手とスケジュールの調整をするとき、丁寧に尋ねるときのフレーズ。逆にカジュアルに尋ねる場合は、左ページのやり取りに出てくる文のように、How about ＋曜日で、「○曜日はどう？」という表現が使えるでしょう。

　3 番目の a hole in one's schedule という表現で「カレンダーに空欄がある」、つまり「暇がある」という意味になります。

036 ★ ★ ★ ★

頼みごとをするときのフレーズ

I have a favor to ask.

お願いがあるんだ。

「glee/ グリー」
シーズン 4　第 8 話　より

Quinn: I'm just, I'm trying to keep straight A's. And I just got tapped to be in the only female secret society at Yale. Former members: Hillary Clinton, Jennifer Beals.

Puck: You go, girl.

Finn: Well, I, for one, would love to talk about everybody that is here. **I have a favor to ask.**

. . . .

クィン：わ、私はただオール A（全秀）の成績を維持しようとしているだけで、それにイェール大学の女子だけの友愛クラブの一員に選ばれたばっかりで。OG にはヒラリー・クリントンやジェニファー・ビールスがいるのよ。
パック：さすがだ。
フィン：さて、ここにいるみんなに話したいことがあるんだ。お願いがあるんだ。

解説 ✍️ イロイロな頼みごとをする表現を知っておこう！

友達同士ならもちつもたれつ。気軽に、重くなりすぎずに頼める相手がいるのはいいものです。英語では、何か頼み事をするときには favor（優しいこと、親切）を ask（聞く、求める）という表現が一番簡単なものでしょう。

類似表現

Can I ask you one quick favor?
1つ頼んでいい？［スイート・マグノリアス　S2-6］

I have a favor to ask of you.
あなたにお願いがあります。［Mr. イグレシアス　S3-4］

I'd like to ask a favor.
お願いがあります。［ブルックリン・ナイン-ナイン　S2-4］

I need a favor and you're not gonna like it.
頼みがあるんだ、君は嫌かもしれないが。［インスティンクト—異常犯罪捜査—　S1-5］

favor を使ったお願いの仕方でもう一つ基本的なのが、最初に例示した Can I ask you a favor? というパターンです。ここでは a を one と言い換えることで一つだけお願いがあると強調し、また quick（速い）と挟むことですぐに済む用事だと印象付けています。簡単なフレーズであるからこそ、こうした細部をいじることで自分なりの意味を乗せやすいと言えるかもしれません。

言い換え表現としては ask や you といった単語を入れる場所が前後するのが難しく、やはりそれぞれにフレーズごと覚えてしまいたいところです。

4つ目のフレーズは、少々難しい頼みや相手が嫌がりそうなことを頼まなくてはいけないときに使えます。

礼を言うときのフレーズ

I'll owe you one.

お礼を言うよ。

「インスティンクト—異常犯罪捜査—」
シーズン1　第2話　より

Dylan: The official records don't always tell the whole story.

Julian: Tell me what you need. I'll see what I can find.

Dylan: But then **I'll owe you one.**

Julian: Who's keeping score?

・・・・・・・・・・・・・・・・・・・・・・・・・・・・・・・・・・・・

ディラン：公式記録は常に全体像を語るとは限らないからな。
ジュリアン：必要とするものを言ってくれ。俺が見つけられるものを見せよう。
ディラン：それにしても、君に一つ借りができたな。
ジュリアン：誰も貸し借りなんて勘定しちゃいないさ。

前項（No.36）に続いて、頼みごとを聞いてくれた友人へのお礼の言い方を見ていきましょう。この例はI owe you one.（これは借りだね）という基本フレーズもさることながら、それに続くもう1人の返しが更に軽妙ですばらしい。Who's keeping score? とは「ぼくたちの貸し借りのスコアを数えている人なんていないだろ」、つまり気にするなと言っているのです。

類似表現

> ### I could almost kiss you.
> キスしそうになっちゃう！［インドでも刑事　S1-3］
>
> ### I should be eternally grateful.
> 永遠に感謝……。［インドでも刑事　S1-4］
>
> ### Good advice. Don't keep score.
> いい助言だね。「貸し借りを勘定しないこと」か。［ママと恋に落ちるまで　S7-16］

　情熱的に感謝を表すならこの1つ目のフレーズです。I could almost とは「危うく〜しかけるかもしれない」ということで、つまりキスしたいほど感謝しているという比喩です。

　2つ目は、I'm grateful.（感謝します）より丁寧なI'm eternally grateful.（本当に心から感謝します）を、さらに丁寧に表現した言い方になります。

　3つ目は、カップルが長続きする秘訣を答えるシーンからの引用です。Don't keep score. で「貸し借りを勘定するな」という意味です。I owe you one.（これは借りだね）と言われて「水くさいだろ！」と伝えたいときは Friends don't keep score!（友達に貸し借りはなしだろ！）のようにも言うことができます。

038 ★ ★ ★ ★

参加表明するときのフレーズ

Count me in.

私も人数に入れてよ（私も参加するよ）。

「グレート・ニュース」
シーズン 1　第 4 話　より

> **Mom:** Speaking of trips, who wants to go to Six Flags this weekend? Fair warning: I'm too short to go on any of the rides.
>
> **Trip:** Well, that sounds fun, **count me in.**
>
> **Katie:** Really? What? No. You said you were busy this weekend. Weren't you going camping?

· ·

（ケイティの）母：旅と言えば、今週遊園地のシックス・フラッグス（北米各地にある遊園地）に行かない？　言っておくけれど、私は身長が低過ぎて何の乗り物にも乗れないけれどね。
トリップ：いいね、参加するよ。
ケイティ：本当に？　え？　だめよ。今週は忙しいって言ってたじゃない。キャンプに行くんでしょ？

解説 ✍ 誘いをピシャリと断る際にも応用できる！

　ランチのため外に出るときなど、「一緒に来る人いる？」などと参加者を募っていた場合に「自分も行くよ！」と名乗り出るときのフレーズです。count は数えるという意味の動詞でもあるので、私も頭数として数えて、というニュアンスだと覚えるのがよいでしょう。すでになにかしようとしている集団に自分も加わりたいときに言うことが多いです。

　また、反対に「今回はパスで」と言いたいときは count me out. と言うこともできますが、「行かないよ！」とピシャリと言うような愛想の悪い感じになってしまうかもしれません。やんわりと断る方法は *p.78* をご参照ください。

類似表現

Sounds like fun.
楽しそうじゃん。[glee/ グリー　S6-1]

Mind if I tag along?
ついて行っていい？ [ブルックリン・ナイン - ナイン　S3-17]

　Sounds like fun. は、主語である It が省略されたカジュアルな言い方です。

　また、Mind if I tag along? は、文頭の Do you が省略されている（つまり、本来は Do you mind...?）形の聞き方です。tag along は「後をついて行く」という意味なので、何かイベントなどに行く人に同行して連れて行ってもらいたいときに使えるフレーズです。

「いいね」を得たときのフレーズ

We got a ton of likes.

大量の「いいね」がついた。

「ファミリー・ストーリー ～これみんな家族なの？～」
シーズン4 第2話 より

Moz: Oh! The head move! That head move smooth.

Shaka: Yeah, **we got a ton of likes.**

Cocoa: Oh my gosh! Drake just shouted you and Barron out. Drake! I freaking love Drake!

・・・・・・・・・・・・・・・・・・・・・・・・・・・・・・・・・・・・

モズ（父親）：おぉ、頭の動き！　頭の動きが滑らかだな。
シャカ（息子）：あぁ、大量の「いいね」がついた（大好評だよ）。
ココ（母親）：まぁ、何てこと！　ドレイクがシャカとバロンについてコメントしている。ドレイクよ！　彼がめちゃめちゃ大好きなの！

解説　SNS に関するイロイロな表現を知っておこう！

　a ton of... で「1 トンほどもある大量の〜」という表現です。a lot of が基本的な表現ですが、a ton of だとよりくだけた感じで面白いのではないでしょうか。ここでは大量のなにをゲットしたのかというと、likes つまりSNS のいいねボタンです。別に重さがあるものでも何でもないので a ton of と表現するのは不思議な感じもしますが、単純に「多くの」という意味だと捉えるのがいいでしょう。

類似表現

> **I think we might break the internet on this one.**
> 多分、これはバズるよ。［ファミリー・ストーリー　S4-2］

　break the internet は、The news broke the internet.（そのニュースがネットを騒がせた）のように、「バズる、ネットを騒がせる」の意味で使われます。また、日本語のバスるは英語の buzz（ざわめく、ブンブン飛ぶ、ブザーで知らせる）から来ていますが、「バズる」の意味で使われることはほとんどないので注意しましょう。

バズったときのフレーズ

Your phone is blowing up!

電話がヤケに鳴るわね!(バズってるよ!)

「モダン・ファミリー」
シーズン7 第20話 より

Dad: She's nothing special, but solid. Mm. Reliable. A lot like our blinds division. You know—not sexy, but—

Claire: No, Dad. No shop talk. You've had enough of that for a lifetime. Wow, **your phone is really blowing up tonight.**

· ·

父親:彼女は特別美人ではないが、堅実な子だ。信頼できる。ブラインド部門と同じで、魅力的ではないが……。
クレア:だめよ、父さん。(引退したんだから)仕事の話はやめて。一生涯でもう十分したでしょ。わぁ、父さんの電話、今夜はヤケに鳴るわね。

解説 **スマホに関する表現を押さえよう！**

blow up といえば「爆発する」という意味が一般的です。（人）が blow up しているというと爆弾魔か何かだと思われそうですが、ここでは SNS 上などで一夜にして爆発的に有名になることを指します。携帯・スマホが blow up していると言うと通知がひっきりなしに鳴っている状態を指します。誰かからメッセージが連投されたり SNS で大きな反響を得たりすると通知が鳴りやまず辟易するものですが、そうした状況のことです。

特に 2020 年代のファミリードラマなどでは、SNS に夢中になるティーンエイジャーとそれに困惑する親世代という構図が面白おかしく描かれるのがお約束になっています。

スマホに関することは実際に口にする機会も多いでしょうから、他にも基本的なフレーズを見ておきましょう。

類似表現

Pick up, pick up, pick up.
電話に出てくれよ！［ブルックリン・ナイン-ナイン　S2-22］

Oh, why is my phone always dead?
何で俺の携帯はいつも充電が切れてるんだ？［ブルックリン・ナイン-ナイン　S3-11］

相手のことが心配で電話をかけたのに、なかなか出てくれないと不安が募るものです。ドラマではそうしたとき、Oh, pick up, pick up! というように祈るような独り言のセリフがよく聞かれます。最近では緊急のときくらいしか電話をかけることもなくなりましたからね。

My phone is dead.（スマホが死んでしまった）と言っても液晶がバキバキになって割れたわけではなく、**バッテリーがゼロになってしまったこと**を指します。いつも長電話になる相手との通話や都合の悪い話になったら、Oh, sorry, my phone is dying.（ごめんなさい、充電が切れそう）と言って切ってしまうのも一手かもしれませんね。

Column 2

英語音声、日本語字幕がおすすめ！

　続いては、実際にドラマを見る方法についてお伝えします。

　結論から言うと、Netflix、Hulu、Amazon Prime Video などの動画配信サービスを使うことをおすすめします。DVD をレンタルするよりもお得で便利ですし、一気見することもできる点がありがたいです。

　そしてここからが議論が分かれるところかもしれませんが、筆者は**英語音声、日本語字幕で観ることをずっと続けています**。字幕を英語にしたり、字幕を消して英語音声だけにしてしまったりする方もいますが、最初からそれをやると話の筋がわからなくなってしまい、ドラマが楽しくなくなってしまうのではないでしょうか。また、法廷ドラマや医療ドラマなど、専門用語がたくさん出てくる作品においては、どうしても英語音声だけではわからない語彙もあるはずです。とにかくストーリーを理解し、毎日楽しんで続けられる、習慣化できることが一番良いと思います。

　また、ドラマを視聴する際は本書に書いているように、短い英語のセリフ、つまり**フレーズを聞き取ることが英会話力を飛躍的に伸ばすことにつながります**。ですのでただ聞き流すだけではもったいない。ぜひ手元に、裏紙でも良いのでメモ用紙とペンをご用意ください。好きなキャラクターの名言や、自分が言ってみたい、英語での言い方を知りたいと思っていたセリフをそこにすかさず書き留めるのが筆者の勉強法です。聞き取れなかったり見逃したりしたら、動画配信サイトの利点を活かして 10 秒巻き戻し機能などを駆使しましょう。

　メモはセリフの一部でも良いので、作品名と発言したキャラクター名をメモしてください。あとで見返したときにキャラクターの声で脳内再生しやすい上、そのセリフがフォーマルかインフォーマルかの目安ともなります。

　余裕があれば、小さなノートに自分のお気に入りのフレーズを清書し、自分だけの英会話辞典をつくってみましょう。

👍 イチ推しの コメディドラマ5選

How I Met Your Mother

Full House

Modern Family

The Big Bang Theory

Brooklyn Nine-Nine

「How I Met Your Mother」

ママと恋に落ちるまで

2005 ～ 2014 年／ 9 シーズン'（全 208）／約 22 分

Story ★ ★ ★ ★

　2030 年、テッドは子供たちに母親との馴れ初めを話します。運命は、親友のマーシャルが恋人のリリーにプロポーズをしたことで動き出しました。負けず嫌いのテッドは、自分も永遠の愛を見つけようと決心します。ある日、テッドはロビンという女の子に一目惚れしますが、これも失敗に終わってしまいます。本作は、テッドが運命の女性である「ママ」と恋に落ちるまでに起こった数々のストーリーを描きあげた愉快なラブコメディです。

　また、同作のスピンオフドラマである「パパと恋に落ちるまで」（How I Met Your Father）がディズニー・プラスで独占配信中。

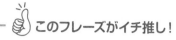

このフレーズがイチ推し！

Kids, every story in a man's life is like a dot in an impressionist painting.

人生の出来事は全て、印象派絵画の点描のようなものだ。[2030年のテッド]

ココが推せる！

　海外ドラマのジャンルのなかでも特に面白く、一話が短いため続けやすいのが**シチュエーション・コメディ（シットコム）**と呼ばれるジャンルです。そしてその**最高峰**と筆者が考えるのがこの How I Met Your Mother。

　シットコムの王道として有名なのは FRIENDS という作品でしたが、さすがに古過ぎることと行き当たりばったり的な展開が多いことが視聴を続ける上で問題になります。その点本作は、FRIENDS の後継作品であり、また一話一話の展開が予想できず飽きない作品です。本作では登場人物がみな自分なりの夢や美学を持っており、彼らが理想に向かって積極的に行動したり思い悩んだりするさまが丁寧に描かれるため、見ているこちらも感情移入してしまいます。そして「ロマンチストのテッドが将来の妻に出会う」までが回想形式で語られるため、一本の長い映画を観ているかのように伏線回収や人間関係の変化を楽しむことができるのです。

　また、注目したいのが各エピソードの冒頭と終わりに 2030 年のテッド（声の出演：Full House でダニーを演じたボブ・サゲット）が、その出来事を総括するような一言を子供たちに語るシーンです。Kids, ... という呼びかけから始まる含蓄ある言葉は印象深く、特にイチ押しフレーズに挙げたものは海外ドラマ史上屈指の名言だと思います。まさにスーラやシニャック（2人とも新印象派の画家）の点描画のように、このドラマを彩るエピソードは全て、少し遠くから振り返ってみて初めて意味を持ちひとつの絵を完成させます。報われずとも運命の愛を追い求めるテッドらの姿に共感し、その激動のラストに感動してしまう、シットコム随一の傑作です。

「Full House」

フルハウス

1987〜1995年／8シーズン（全192話）／約24分

Story ★ ★ ★ ★

　サンフランシスコに住むタナー夫妻には10歳のD.J.と5歳のステファニー、生後9カ月のミシェルの3人の娘がいましが、不幸なことに妻のパメラは交通事故で逝去。ダニーは親友のジョーイと義弟のジェシーに協力を要請し、男手だけで子育てすることになります。テレビ局のキャスターとして昼間、ダニーが働いている間は、コメディアンのジョーイと、エルヴィス・プレスリーを崇拝するミュージシャンのジェシーが子どもの面倒をみます。3人の娘に手を焼きつつも、2人は次第に父親らしくなっていきます。

　前作から約30年の時を経ての続編となる「フラーハウス」（5シーズン、全75話）がNetflixで独占配信中。今度は3人の子どものシングルマザーとなったD.J.を、次女のステファニーと親友のキミーが支えます。

 **このフレーズがイチ推し！**

We don't have a lot of room here, but we have a lot of love, a lot of laughs.

家は手狭になったけど、愛と思いやりで満たしていきましょう。[ベッキー]

ココが推せる！

　温かな家族を描くホームコメディでありながら、一家の母親が亡くなったことからストーリーが始まるのは異色です。喪失感を抱えた家族が新たなメンバーを迎え入れ、歌、ダンス、スポーツなど体を張った笑いを展開してくれます。家族の様子をコミカルに描くだけではなく、3人の娘たちが育つのと同様に3人の父親たちも育児に悩み、家族としてともに成長していくさまを感動的につづった名作です。

　長く続いたドラマは登場人物の変化も見所の1つですが、本作は特に3人の子供がいるため、彼らの成長が楽しくてついつい続きを見てしまいます。特に初登場時はまだ首も据わっていなかった末っ子のミシェルがだんだん言葉を覚えて舌足らずな英語を喋っていくさまは愛らしく、私たち英語学習者としても見ていて興味深いです。

　英語表現としては、小さい子供がいる家庭のことなので**極端なスラングがなく、発音もゆっくり**なのがうれしいところ。逆に子供を叱ったりしつけたりするシーンからは、アメリカの家庭の雰囲気やものの考え方を垣間見ることができます。

　一方、お調子者のジョーイはアメリカのアニメキャラクターの物真似などをして子供たちを笑わせますが、現代日本人の私たちには全くわからないのが悲しい点ではあります。つまり、**キャラクターやシチュエーションに応じて注目するポイントを取捨選択すること**が大事になってくるということでしょう。

「Modern Family」

モダン・ファミリー

2009 ～ 2020 年／ 11 シーズン（全 250 話）／約 30 分

Story ★ ★ ★

　物語は、裕福なジェイ・プリチェットと彼の子供たちのクレアとミッチェル、それぞれ 3 家族の相互関係で展開します。まず大黒柱のジェイ・プリチェットは、かなり年下の情熱的な女性のグロリアと再婚し、彼女の連れ子のマニー と 3 人で生活。主婦のクレアは、不動産業で働くフィルと結婚し、3 人の子供を持っています。弁護士のミッチェルとパートナーのキャメロンはベトナム人の赤ちゃん、リリーを養子として受け入れています。そんな裕福な老人とラテン系子連れ美女の年の差夫婦、典型的なアメリカ一家、養子を迎えたゲイのカップルという、3 つの家族（何と全員親戚！）がくり広げるドタバタコメディです。多様性に富んだ、超個性的なアメリカン・ファミリーのおかしな日常をテンポよく描いた話題作となります。

✋ このフレーズがイチ推し！

I'm a cool dad, that's my thing.

ぼくはイケてる父さんだ。[フィル]

ココが推せる！

　レギュラーの登場人物が 10 人ほどと多く、家族を主とした様々な人間関係にまつわる日常的なフレーズを聞くことができます。

　1 エピソードにつき 3 家族のメンバーが何人かずつに分かれ、2 ～ 3 の場面が入れかわり立ちかわり展開していきます。自宅のプールに落ちるなど体を張った笑いと皮肉やシャレを多用したスピーディーな会話が魅力ですが、本作の最大の特徴は、**モキュメンタリー**（ドキュメンタリーを模したフィクション）の技法が使われていること。通常のキャラ同士の絡みの合間に、彼らが自宅のソファーに座ってその内心を吐露する独白シーンが挟まれるのです。会話シーンのあとにすかさず I lied.（あれは嘘だったんだけどね）といった暴露が挟まれるなど、彼らの内面を端的に示すことで一歩進んだ性格描写を可能にしています。

　基本的には 1 話完結のストーリーですが、他のファミリードラマと同様に子供たちの成長や大人を含めた人間関係が緻密に描かれ、見ごたえがあります。特に他作品に比べ、年齢やジェンダーを含めた「モダンな」立場が様々あり、キャラクターに幅があるのが特徴的です。ぜひ自分の推しキャラを見つけ、注目してみてください。

　このように本作は、3 つの家族の交錯する目線を通して、悩みを抱えつつ理想と現実の間でもがく彼らの姿を見せてくれます。現代的な家族のありようを受け容れる難しさと喜びの両面を描き切った名作ドラマだと言えるでしょう。

「The Big Bang Theory」

ビッグバン★セオリー / ギークなボクらの恋愛法則

2007〜2019 年／ 12 シーズン（全 279 話）／約 22 分

Story ★ ★ ★ ★

　二十代の仲良しオタクコンビ、レナードとシェルドンは、カリフォルニア工科大学の物理学者。彼らはカリフォルニア州パサデナにあるアパートに、ルームメイトとして同じ部屋に住んでいます。2 人合わせた IQ が 360 というほど頭脳明晰で、2 人とも博士号を得るほど賢いのですが、世間から妙にズレていて友人もみんな変わり者。加えて外見もイマイチなので女性から言い寄られる気配もありません。そんな 2 人の向かいの部屋にある日、陽気なブロンドのセクシー美女、ペニーが引っ越してきたという「オタク・ミーツ・ブロンド」から物語が始まります。

このフレーズがイチ推し！

I'm not crazy, my mother got me tested.

ぼくは狂ってないよ、昔母さんに検査させられたけどね。［シェルドン］

ココが推せる！

　IQ は異様に高いけれど、恋愛偏差値は絶望的に低い。そんな若き科学者たちが研究や恋愛に没頭する様子を笑えるネタで彩った長寿ドラマ。

　アクションシーンは多くなく、科学者の彼らがアパートや大学、ときにはアメコミの店で集まって話をするシーンが主となっています。なにしろ頭が良いため、彼らの**会話はテンポが速く語彙が高度**なことが多く、くだらない会話でも英語学習の上では興味深く聞くことができます。その最たる例が人気キャラクターのシェルドンで、天才肌だが高慢で自己中心的、しかしどこか憎めない性格がセリフの端々にあらわれています。また、彼らの専門である物理学・エンジニアリングの話は、文系の筆者では日本語でも全くわからない難解さです。こうした専門用語の出てくる作品は、やはり意地を張らずに日本語字幕で見ることをおすすめします。

　作品全体の傾向として興味深いのは、アメリカ社会における無意識の思い込みです。例えば「ブロンド美女は頭が良くない」、「ユダヤ系の母親は束縛が強い」といった偏見に真っ向からネタをぶつけていきます。そもそも「SF 映画やアメコミ・オタクでコミュニケーションが下手な理系男子」が主人公のグループですが、それらの**いじり方の解像度が大変高く**、キャラクターの性格付けになじむほどに面白さが増してきます。良し悪しは別として、間違いなく現実に存在するアメリカ的価値観を自然に知ることができるのも本作の良いところの 1 つでしょう。

　理系男子の仲良し 4 人組が**あり余る知恵を絞って未知の分野・恋愛に挑んでいく**さまがかわいらしい、唯一無二の友情ドラマです。

「Brooklyn Nine-Nine」

ブルックリン・ナイン - ナイン

2013 〜 2021 ／ 8 シーズン（全 153 話）／約 20 分

Story ★ ★ ★ ★

　ニューヨークの架空の警察署「ニューヨーク警察 99 分署」を舞台にした、日本ではあまりなじみがない刑事もののドタバタ・コメディ。堅物で規則厳守の署長レイモンド・ホルトと、正義感が強くて優秀だがお調子者で子どもっぽい刑事ジェイク・ペラルタを中心に、警察署内・街中・仲間内で起こる様々な事件やトラブルを描きます。2 人の他にも、ジェイクと事件の解決数を争う異様に負けず嫌いのエイミー、武闘派で気が気が強くプライドも高い黒髪ハード美女のローザ、運動神経が悪くいじられキャラのボイルなど、どこか憎めない個性派の刑事たちが毎回、ゆる〜い笑いを展開します。

このフレーズがイチ推し！

The only puzzle he hasn't solved is how to grow up.

彼に解けない謎は大人になることだけです。［テリー］

ココが推せる！

　架空の警察署を舞台に、個性豊かな刑事たちが暴れまわる暴走特急ポリスコメディ。とにかく面白い作品が見たいときにおすすめです。

　99 分署のオフィス内で刑事たちが軽妙な会話を展開するパートと、街中で実際に捜査に当たるアクション・パートとの緩急があるため、全く飽きずに観ることができます。銃などを使ったアクションやナンセンス・不条理なネタもありますが、全てのエピソードが猟奇的なまでに笑えるので癖になってしまうこと請け合いです。

　一方でシーズンを重ねるにつれ、アメリカの警察を扱った作品であることが大きな意味を持ってきます。特に、ホルトがアフリカンアメリカンでありゲイで既婚者で、更に警察署の署長であり続けることは大変な困難を伴うことが明らかにされます。そのように仲間がピンチに陥った際は、普段は軽口を叩きあう 99 分署の面々も一致団結し、根拠のない自信と不思議な運の強さで、みなで難局を乗り越えていきます。

　英語表現の上で特に注目したいのは、**お堅い敏腕署長ホルトと優秀だがお調子者過ぎる刑事のジェイクとの掛け合い**です。彼らは趣味から英語の語彙まで両極端であり、例えばジェイクが単純に tired（疲れた）と言うような場面でホルトは fatigue（倦怠感がある）というような、フランス語由来で硬い言葉遣いをしがちなのです。その落差が見どころともなっているため、まず注目していただきたいのが 2 人のやりとりです。

Column 3

視聴するドラマの選び方とは？

　本書を手に取ってくださったあなたには、ぜひ今日からでも海外ドラマで楽しみながら英語力をつけていただきたいのですが、そこで問題になるのが、「作品が多過ぎる！」という事実でしょう。

　まず始めに視聴するのにおすすめなのは、**1話20分ほどのコメディシリーズ**です。難しい表現が出てこないことや、1話が短いので集中力が続き、生活の一部として組み込みやすいのが大変大きな利点だからです。使われる英語は日常生活に関わるものばかりで、もし端々にわからない表現が出てきても大筋には影響しないので、気軽に聞き流してしまいましょう。また、大まかに登場人物が友人同士の作品と家族の作品があるため、自分がどんな英語を学びたいかをもとに作品を決めてください。キャラクターによってはスラング（あまり行儀の良くない言葉）を多用する場合もあるので、くだけた感じのキャラには少し注意が必要なことも。

　少しドラマに慣れてきたら、恋愛ものやSF、ファンタジーに手を出すのが良いでしょう。コメディよりも時間が長く、また語彙に特殊なものが出てくるため注意が必要です。しかしコメディよりも特殊な状況での印象的なフレーズが多く出てきますので、フレーズをメモする癖がついていれば、ご自分の英語表現の幅が飛躍的に広がるはずです。

　難しくなってくるのは法廷ものや政治ドラマ。一話が40分〜1時間弱と長い上に、登場人物がみなインテリなので語彙と会話スピードが速い傾向にあるからです。一方で、知っていれば一目置かれるような高度な言い回しや、ビジネスや交渉の場で役立つようなフレーズがたくさん聞けるのが長所です。

　しかし当たり前ですが、ご自分の興味と英語力によってどんなドラマを観ても良いです。難しくても楽しく続けられているならば大丈夫、「わからなくて楽しくない！」と思ったら、すぐ視聴を止めてください。最初のうちは、**「1つのエピソードから最低1フレーズメモする」**などのゆるいルールを決めて、**ドラマを楽しんで習慣化すること**が一番良いと思います。

Part

③

恋人に使える

30フレーズ ★ ★ ★

041

好きなタイプを尋ねるときのフレーズ

What are you looking for in a man?

どんな人がいいの?

「グレート・ニュース」
シーズン 2　第 9 話　より

Carol: That's why I'm setting up her Tinder profile. Ok, Mom, **what are you looking for in a man?**

Mom: A big racoon coat, a straw hat, holding a pennant that says "college".

・・・・・・・・・・・・・・・・・・・・・・・・・・・・・・・・・・

キャロル：だから、出会い系アプリの Tinder のプロフィール欄に彼女を登録するの。さぁ母さん、どんな人が好みなの？
母：アライグマの毛皮と麦わら帽子で大学の旗を持っている人がいいわね。

解説 🖐 **基本的な単語だけで表現できる！**

　友人同士で恋愛の話をするときにまず話題になるのが、「どんな人がタイプなの？」などではないでしょうか。ここではもう少し踏み込んで、「**相手に求める条件は？**」と聞くフレーズをご紹介します。

　What are looking for?（探している［求めている］のは何？）という基本的なフレーズに、in a man（人に）と付け加えるだけで「異性に求めるものは？」という質問になってくれるのですね。ただの好奇心から聞くこともできる質問ですが、もう少し真剣に将来のことを相談するような場面でも、「どんな人がいい？」という意味で使えます。

　こう聞かれたら、相手に求める条件や性格を答えれば良いです。

類似表現

> ## She's got a type. Which is really anyone but you.
> あんたは全くあの子のタイプじゃないから。［ブルックリン・ナイン - ナイン　S1-1］
>
> ## What's your type?
> 君のタイプは？［ミスター・ロボット　S3-9］
>
> ## What's your blood type?
> 君の血液型は？［ER　S6-7］

　より単純に「（好きな）タイプがある」と言いたいとき、I've got a type. または I have a type. です。相手にタイプを聞きたい場合は What's your type? で大丈夫です。

　ちなみに少しミスリーディングかもしれませんが、医療ドラマ「ER」では上記のように似たフレーズが「血液型（blood type）は？」という意味で使われていました。もししつこく What's your type?（タイプは？）と聞かれて困ったら、B positive.（B型です）などと言ってかわすのも一手かもしれません。

042

恋愛ゴシップを聞き出すときのフレーズ

What's the tea, are you guys dating? Spill it!

実際どうなの、付き合ってるの？　教えてよ！

◀◀ 「ファミリー・ストーリー 〜これみんな家族なの？〜」
シーズン4　第2話　より ▶▶

Ami: **So, what's the tea, are you guys dating? Spill it!**

Moz: Ami, that's none of your business. Sorry.

Barron: It's Ok. It's Ok. Sid and I aren't dating. We're engaged.

· ·

アミー：それでどうなの？　2人は付き合ってるの？　教えてよ。
モズ：アミー、君には関係ないだろ。すまんな。
バロン：いいさ。シドと私は付き合ってはいない。婚約しているんだ。

解説 恋愛ゴシップに関する 3 つの表現！

友人・家族から恋愛ゴシップを聞き出そうとするときの必須表現が 3 つも入ったお得なフレーズです。

What's the tea? は、「**実際どうなのよ**」という感じ。アメリカ発のスラングの一種で、もともとは truth の頭文字をとって T と発音していたようです。その t が次第に tea と綴られるようになりました。What's the truth?（本当のところどうなの？）ということですが、特に恋愛やケンカなどのゴシップについて聞いたり、本音を聞き出すときによく使われます。

2 番目の Are you guys dating? は、付き合っているかと直接的に聞くフレーズです。左ページの場面で実際に聞きたいのはここですね。

3 番の Spill it! は Spill the tea! とも言い、秘密にしないで教えてよ！ という感じです。What's the tea? から派生して、あなたが持っている tea（T、つまり truth のこと）を spill（こぼしてよ）という連想ゲームのような言葉遊びになっています。

類似表現

> **And then you come along with this crap and you force me to pull an old classic Lily and spill the beans!**
> そしてあなたはこんなふざけたマネを。あなたのおかげで元のリリーが出てきて、秘密をバラすわよ。[ママと恋に落ちるまで　S4-24]

spill the tea に似た表現として、秘密をうっかり言ってしまうことを表す spill the beans があります。語源については諸説あるようですが、古代ギリシャで投票をするときに白と黒の豆を使っており、うっかり投票箱から豆をこぼして結果が見えてしまった、という故事から来ているという説がよく知られています。spill the tea のほうはゴシップを話すこと、beans のほうは言うべきでない秘密を漏らしてしまうこと、という使い分けがあるようです。

043

相手の内面をホメるときのフレーズ

You're a sweet guy with a big heart.

心が大きい優しい人でしょ。

「ブルックリン・ナイン - ナイン」
シーズン 4　第 17 話　より

Amy: Believe in yourself. Be confident. **You're a sweet guy with a big heart.**

Norm: It's the size of a giraffe's. Pushes on my other organs.

・・・・・・・・・・・・・・・・・・・・・・・・・・・・・・・・・

エイミー：自分を信じて。自信持って。あなたは大きな心を持った優しい人でしょ。
ノーム：キリン並みの心臓だし、他の臓器を圧迫するというか。

解説 🖐️ **異性をホメるのに使える2つの表現**

　人をホメることは恋愛に限らず全ての人間関係において潤滑油となります。ここでは**人の内面をホメるフレーズ**を2つ見ていきます。

　1つ目の sweet とは、よく気がついて、ロマンチストで優しいという感じです。誰が誰をホメても良いのですが、言葉としてフェミニンな印象はあります。例えば誰かが親切なことをしてくれたら、Thank you, that is so sweet of you.（ありがとう、優しいね）などと言うことができます。

　2つ目の a big heart はイメージそのままで、心が広い人のことを指します。また、気前が良いことや寛大なことも言い表すことができます。

類似表現

> **I think your true beauty is on the inside.**
> 外見だけじゃなくて、君は内面こそ美しい人だ。[カントリー・コンフォート　S1-3]
>
> **You're a big man with a even bigger heart.**
> 体も大きいけど心も大きいよね。[ハウス・オブ・カード 野望の階段　S1-8]
>
> **You have a heart the size of Texas.**
> テキサス並みに心広いな。

　上記の2つ目は、少しぽっちゃりした体形の人（a big guy）のことを仲の良い友人がホメるシーンで聞かれたフレーズです。体よりさらに大きな心を a even bigger heart と比較級を用いて言い表しています。

　3つ目は、a big heart を言い表すユニークな表現です。a big heart を a heart the size of Texas（テキサス州並みに広い心）とユーモラスに言い換えているのです。日本語でいう北海道のように、テキサス＝大きいという共通理解があるのですね。ただし、本当はアメリカ最大の州はテキサスでなくアラスカ州なのですが。It's the size of Texas. [glee/ グリー　S5-12] もまた、大きいことを形容する意味でテキサスが使われている例です。

★ ★ ★ ★

相手の外見をホメるときのフレーズ

She's smoking hot.

彼女は超イケてるよ。

「ビッグバン★セオリー / ギークなボクらの恋愛法則」
シーズン2 第2話 より

Sheldon: To make matters worse, she's often
mean to me.

Raj: I think **she's smoking hot.**

Howard: I'd hit that.

Sheldon: You'd hit particulate soil in a colloidal
suspension. Mud.

. . . .

シェルドン：さらに悪いことに、彼女はしょっちゅう意地悪してくるんだ。
ラージ：彼女は超イケてるよ。
ハワード：落としたい。
シェルドン：君は泥水の中の砂でも狙う。悪口だよ。

解説 相手の変化に気づいたときの表現も要チェック！

同性の友人同士などで他人の外見・容姿についてあれこれ言うのはやはり品がないこととはいえ、仕方のないことですね。ゴシップはゴシップと割り切って、英語での（少々下世話な）会話に飛び込んでいくためのフレーズをご紹介します。

もともと hot には「セクシーな」、「かっこいい」あるいは「キレイ」だという意味があり、それを smoking（煙が出るほど）という比喩を使って強調しているのです。かなりスラング的な要素が強く、仲の良い人の前でのみ使うのがよいでしょう。フォーマルな場では、以下の類似フレーズのようなホメ方をしてください。

左ページの英文では、hit が「口説く、落とす」という意味で使われています。hit は hit on... で「〜をナンパする」という意味にもなります。また、最後の mud は「悪口、中傷」という意味です。併せて覚えておきましょう。

類似表現

Is he hot?/ Smoking.
彼すてき？／めちゃくちゃ。［グレート・ニュース　S1-10］

You look amazing in that dress.
そのドレス着ると素敵だね。［グレイズ・アナトミー　S14-14］

That dress really suits you.
そのドレス似合うね。

That color complements your eyes.
その色、目の色と合っているね。

Did you do something different to your hair?
髪型変えた？［ビッグバン★セオリー　S12-6］

Have you lost weight?
痩せた？［SUITS/スーツ　S1-1］

声をかけるときのフレーズ

Have we met before?

前に会った？

「ビッグバン★セオリー / ギークなボクらの恋愛法則」
シーズン7　第20話　より

Emily: Have we met before?

Howard: Uh, no. I, I don't, I don't think so.

Emily: You sure? You look familiar.

Howard: Well, you sure don't. You I know, you I know. You? Total stranger. Even if you had yummy candy, I would not get in your van.

Emily: Did you go to that spin class on Green Street?

Howard: That must be it.

. . . .

エミリー：前に会った？
ハワード：い、いや、そんなことは。ぼくはそうは思わないな。
エミリー：本当？　見覚えあるんだけど。
ハワード：えっと、勘違いじゃないかな。(同席している他の2人を指して) この2人は知っているけれど、君は赤の他人だ。美味しいアメをくれても、君のバンには乗らないぞ。
エミリー：グリーン通りのスピンクラス(エアロバイクのジム)に行ったんじゃない？
ハワード：きっとそれだよ。

解説 🖐 スモールトークに使える表現を押さえておこう！

ナンパの定型句として有名な一言です。気になる人に会うと、初対面であっても「どこかで会いましたっけ？」と強引に会話の糸口を見つけていくシーンがドラマではよく見られます。左ページの英文にある You look familiar.（見覚えあるんだけど）とセットで覚えておきましょう。

類似表現

> ## What do you do for fun?
> 趣味は何ですか？［インスティンクト―異常犯罪捜査― S1-7］
>
> ## I believe an introduction's in order.
> 紹介が遅れたね。［インスティンクト―異常犯罪捜査― S1-8］
>
> ## By the way, I didn't catch your name.
> そう言えばお名前聞いてなかったですね。［マーダーヴィル S1-2］

1つ目のフレーズは、これもお互いの自己紹介の際には定番の、相手の趣味を聞く表現です。What do you do? だけなら「あなたの仕事（職業）は何ですか？」という意味ですが、語尾に for fun とつけるだけで「あなたの趣味は何ですか？」という意味になります。

2つ目のフレーズは、自分が名乗るときは「申し遅れましたが」、多人数でいるとき「そういえばこの人は……」というニュアンスの意味になります。A is in order.（A が適切です）という用法です。

3つ目のフレーズは、店やパーティーなどで、何となく流れで会話していた初対面の相手に改めて名乗るときに使えます。by the way... は「ところで、ついでながら」と、話題転換に使える切り出し文句です。I'm Hilda, by the way.（ところで私はヒルダよ）のように自己紹介のときに使うことができます。

046 ★ ★ ★ ★

ときめいたときのフレーズ

We had a moment.

いい感じだった。

「エミリー、パリへ行く」
シーズン2 第9話 より

Alfie: Was there something going on between you and Gabriel? You told me you guys were just friends. Then I got an earful from that mad scientist guy you work with. I'd rather just hear it from you.

Emily: **We had a moment.** But it was nothing. Okay? It was over before it even began.

Alfie: You sure about that? 'Cause I'm not interested in playing second fiddle to some other guy.

. . . .

アルフィー：君とガブリエルの間には何かあるのか？　君はぼくに君たちはただの友達だと話した。それから君が一緒に働いているあのマッド・サイエンティスト（リュック）から妙な話を聞いた。君の口から事実を聞きたいな。
エミリー：私たちはいい感じだったわ。でも何もなかった。OK？　始まる前に終わったの。
アルフィー：言い切れる？　誰か他の男の代わりを演じるのには興味ないからね。

解説 👆 恋愛時のイロイロな表現を押さえよう！

　恋愛関係ではない相手と話していて、思いがけず突然いい感じになったりすると、何よりビックリするものです。そんな意外な出会いのことを話すフレーズがこちら。

　ここでの a moment は、**ビビッときた瞬間**のこと。We had a moment. や There was a moment. と言うことで、ときめいた一瞬があったという意味になります。イメージとしてはふとしたタイミングで見つめ合い、それまで全く意識していなかったのに、お互いにいいなと思ってしまったという感じです。あくまでも付き合っているわけではない2人の間でのこと、本当に少しの間の魔法のことを指します。

　また、It was nothing. は「大したことないから、何もなかったから」と浮気の言い訳をするのによく使われる表現です。ここでは瞬時に感じた恋心を振り返りながら、本気じゃなかったと必死に打ち消している状況です。

類似表現

Nate and I have... had plenty of spark.
ネイトとはかなりいい感じなの……だったの。[ゴシップ・ガール　S2-20]

We have had chemistry from the second we met.
出会った瞬間から運命を感じていた。[SUIT/スーツ　S4-6]

　見つめ合うとパチッと火花が散るような感じは have the spark で表すこともできます。

　恋愛に限らず人と人との運命的な相性の良さ、性格の一致を chemistry と言います。理科の科目の化学もそう呼ばれるように、なにか目には見えない不思議な力が働いているという感覚でしょう。基本となる形は We have good chemistry.（私たちは気が合う）ですが、これは決して「化学の成績が良い」という意味ではありません。

047

遊びに誘うときのフレーズ

Let's hang out.

一緒に過ごそうよ。

「ビッグバン★セオリー / ギークなボクらの恋愛法則」
シーズン5 第9話 より

Penny: Hey. Sorry I ditched you.

Leonard: No, it's fine. You can ditch away.

Penny: Oh, no, no. We said we were going to hang out, **let's hang out.**

Leonard: It's cool. Go back to Kevin.

Penny: Oh, he had to leave.

Leonard: Interesting. So now that he's gone, you want to hang out with me.

· ·

ペニー：はーい。ごめん、置いてきぼりにしちゃって。
レナード：いや、構わないよ。放置してもらっても。
ペニー：え、ダメダメ。一緒に過ごす予定だったじゃない。一緒に過ごそうよ。
レナード：そりゃすごい。ケヴィンのところに戻りなよ。
ペニー：あぁ、ケヴィンは帰っちゃった。
レナード：興味深いね〜。彼が帰ったから、君はぼくと過ごす気になったわけだ。

解説 友達との遊びにも軽いデートにも使える！

　誰かとリラックスした時間を過ごすこと。友人同士で気負わず遊びに出かけることも表しますが、まだ付き合っていないけど惹かれあっている2人が軽いデートに行くときや、一緒に飲もうかと誘うときによく使われます。具体的に何をする、というところは不明瞭ですが、だからこそ汎用性があって便利な表現です。

　左ページの英文にある ditch は本来「溝、溝を掘る」という意味ですが、日常会話では「（学校などを）サボる、すっぽかす、置いてきぼりにする、（恋人を）振る」などを意味するスラングとしても使われます。

類似表現

We should hang out sometime.
デートに行こうよ。[glee/ グリー　S4-2]

I really wanna keep hanging out.
もう少し一緒にいたいな。[わが愛しのブロックバスター　S1-8]

Do you wanna hang out now?
今から飲みたい？[コミ・カレ !!　S4-3]

You wanna hang out tomorrow night?
明日の夜何かしない？[ビッグバン★セオリー　S6-1]

　それぞれの文脈がわかりづらいかもしれませんが、これらは恋人未満の2人が話しているものもあれば（1、2番目）、仲の良い友人同士が話している場合もあります。ロマンチックな雰囲気に限らず、ただ一緒にだらだら過ごしたり、軽く飲みに行くときなどにさまざまなニュアンスで使われることがわかります。

048

食事に誘うときのフレーズ

Do you want to get dinner?

ご飯でも行かない?

◀◀ 「エミリー、パリへ行く」
シーズン 2　第 9 話　より ▶▶

Alfie: Is there still something going on between them? I thought I sensed it.

Emily: Yeah, maybe. I... I don't know.

Alfie: Nah. Never mind. More likely they're just French, you know?

Emily: Right. Hey, um, what are you up to tomorrow night? Um, **do you want to get dinner?** Somewhere other than Gabriel's restaurant or a dirty pub.

Alfie: Are you asking me out, Cooper?

Emily: Maybe.

· ·

アルフィー：あの 2 人は今もいい感じなんじゃない?　そう感じた。
エミリー（・クーパー）：そうかもね。知らないけれど……。
アルフィー：あぁ気にしないで。2 人はまさにフランス人って感じだよね?
エミリー：確かに。ねぇ明日の夜は何か予定は?　ガブリエルの店とパブ以外のどこかで。
アルフィー：デートのお誘いかよ、クーパー。
エミリー：そうかもね。

★　★　★　★

解説 自然な流れで誘っているようでも内心ドキドキ?!

　気になる相手がいたらご飯に誘うのが定石。ここではフレーズ全体を見て、相手を誘うときのスムーズな流れを知っておきたいところです。

　例えば最初は Hey と呼びかけ、「ねえ、そうだ」と軽い思い付きで誘っているようなカモフラージュをし、続いて what are you up to tomorrow night?（明日の夜予定ある？暇？）と聞いて様子を探ります。最後に do you want to get dinner?（ご飯食べない？）でしっかり誘うことができたわけです。それぞれの表現は細かく変えることができるので、類似フレーズを参考になさってください。

　ちなみに文中の um は言いよどんだりためらったりしているときの英語での言い方です。実際のドラマでは、主人公が迷いながらも勇気を振り絞って知り合いをご飯に誘う場面なので、こうしたところが大変かわいらしいシーンです。このように登場人物に感情移入しながらドラマを観るメリットのひとつが、文字だけではわからないセリフの自然な間までがわかり、参考にできるところなのです。

類似表現

Do you wanna have dinner with me Saturday night?
土曜の夜、ぼくとご飯に行かない？［ママと恋に落ちるまで　S1-7］

Do you want to grab dinner sometime?
いつかご飯行かない？［グレイズ・アナトミー　S13-2］

What do you say we hit the jewelry store?
宝石屋でも行くか？［モダン・ファミリー　S2-11］

　3つ目のフレーズでは、What do you say...?（〜しないか？）と、hit...（〜に寄る、行く）という表現を使っています。こんなフランクに宝石を買いに誘えるような人は、そりゃモテますよね。

049

デートについて相談するときのフレーズ

Do you think
I should ask her out?

彼女をデートに誘うべきかな?

「ビッグバン★セオリー / ギークなボクらの恋愛法則」
シーズン 12　第 2 話　より

Stuart: Seriously, **do you think I should ask her out?**

Raj: A-Absolutely. Don't let love get away. It is the most important thing in the world. Without it, life is dark and meaningless.

・・・・・・・・・・・・・・・・・・・・・・・・

スチュアート：マジな話、彼女をデートに誘うべきかな?
ラージ：もちろんだとも。愛を逃すな。愛はこの世で最も大事だ。愛がなければ、人生は真っ暗で無意味さ。

解説 👆 「ナンパする」と英語で言うには？

　直訳すれば「外出しようと誘う」となりそうですが、映画でもご飯でも美術館でも、意中の相手をデートに誘うときによく言う一番シンプルな表現です。また、その前提にある「告白する・好意を伝える」という意味合いも重要です。

　このフレーズは実際に人をデートに誘うときではなく、主にその計画について相談したり、ゴシップを話すときに使われます。Can I ask you out? など直接的に聞くのは、正直な感じでかわいいかもしれませんが、スマートさに欠けますよね（実際に相手をデートに誘うときのフレーズについては前ページをご覧ください）。

　そのため、このフレーズは友人にデートや告白の相談をするとき、使うことが多いのです。

類似表現

Are you asking me out?
デートのお誘い、ってこと？［ビッグバン★セオリー　S1-17］

Are you asking me out, Cooper?
デートのお誘いかよ、クーパー。［エミリー、パリへ行く　S2-9］

Are you hitting on me?
ナンパ？［ビッグバン★セオリー　S7-1］

　ask out に on a date と加えると、ロマンチックなデートだという意味がより明確になります。余談ですが、この on など前置詞の使い分けはなかなか覚えるのに苦労するところです。ここでは on を to などとしがちかもしれませんが、やはりフレーズごと覚えてしまって何も考えずに使えるようになると便利ですね。

　また hit on... で「〜をナンパする」という意味になります。

050 ★ ★ ★

We're just friends.

ただの友達だから。

「ママと恋に落ちるまで」
シーズン 1 第 10 話 より

Martial: You okay?

Ted: Sure. Why?

Martial: Oh, I don't know. Girl of your dreams dating a billionaire.

Ted: Okay, first of all, hundred-millionaire. And second, she's not the girl of my dreams. **We're just friends.** Look, it would not be smart if we got together. I mean, I'm looking to settle down, she's looking for...

· ·

マーシャル：大丈夫か？
テッド：あぁ。なんで？
マーシャル：いや、知らないけどさ。惚れた女が億万長者とデートするわけだから。
テッド：オッケー。まず言っておくが、百万長者だ。次に、彼女に惚れているわけじゃない。ぼくらはただの友達だ。付き合うなんて賢明じゃないね。ぼくは落ち着きたいけれど、彼女が求めているのは……。

解説 「ただの友達」を英語で表現するには？

　男女の友情は、成立する派・しない派でそれぞれ主張は分かれますが、ここでは「**ただの友達**」というフレーズをご紹介します。ただ仲良くしているだけなのに周りから冷やかされたときなどに使える表現です。訳せば「私たちはただの友達だから」となり、ロマンチックな関係ではないと打ち消すときに言われるセリフです。

　なお、左ページの英文の get together には「集まる、団結する、（カップルが）デートする、付き合う」など様々な意味がありますから、文脈によって判断しましょう。ここでは「付き合う」の意味で使われています。

　また、I'm looking to settle down. とありますが、この settle down には「定住する」の他に「（家庭などを持って）落ち着く」という意味があります。結婚して身を固めようとしている登場人物の恋愛観を示すフレーズとして、settle down も押さえておきましょう。

類似表現

There's nothing going on between Penny and me.
ペニーとぼくはなんでもないんだ。[ビッグバン★セオリー　S1-5]

Joe's not a girl-girl, she's a girl-bro.
ジョーはそんなんじゃない、兄妹みたいなもんさ。[カントリー・コンフォート　S1-4]

　There's something going on between 〜（何か起きている、ロマンスがある）というのを否定するならば、この 1 つ目の言い方です。

　2 つ目のフレーズでは、girl girl（「女の子」という意味の女の子）ではなく girl bro（brother、兄妹のような女の子）と相手を位置づけています。あまりよく聞く言い方ではありませんが、面白い表現です。

051 ★ ★ ★ ★

好意を伝えるときのフレーズ

I have a crush on somebody.

気になっている人がいるんだ。

「glee/ グリー」
シーズン4 第11話 より

Brian: I—I can't tell you that. It's-it's really embarrassing.

Tina: I swear to God I—I won't tell anyone.

Brian: **I have a crush on somebody**, and I don't want to go to a dance where everyone's gonna be romantic there but me.

・・・・・・・・・・・・・・・・・・・・・・・・・・・・・・・・・・

ブレイン：そ、それは言えないよ。と、とても恥ずかしいから。
ティナ：神に誓って、誰にも言わないから。
ブレイン：気になっている人がいてダンスパーティに行きたくない、みんなラブラブでぼくにはつらい。

解説　「恋に落ちる」のは英語も同じ ?!

「好きになった」という表現は、I fell for you.（あなたに恋をした）や I'm crazy about you.（私はあなたに夢中だ）など色々ありますが、crush on... は「〜に恋しちゃった」「〜に一目ぼれした」というような、少し幼くかわいらしい言い方です。基本となる形は I have a crush on you.（あなたに憧れてます）で、目がハートになっているような熱烈で盲目な恋心のことを指します。例えば初恋のことは first crush と言うことができます。

さらに現在完了形を使って I've had a crush on you for the longest time とすると、今まで心のうちに秘めてきた積年の思いを表すことができます。映画で見てファンになった俳優や、学校で喋ったこともない隣のクラスの子に一目ぼれする場合をイメージしてください。

crush は英単語としては「押しつぶす、砕く」といった意味がありますから、**ハートを鷲掴みにされたような気持ち**のことを表現したのかもしれません。いずれにしても強い衝撃を残す与えるであるということです。

類似表現

When are you gonna outgrow this silly crush?
いいかげんにくだらない恋から覚めなよ。[ファミリー・ストーリー　S4-1]

I fell in love with Leonard.
レナードに恋しちゃったの。[ビッグバン★セオリー　S9-2]

Would you like to go out with me this evening?
今晩付き合ってくれない？[LUCIFER／ルシファー　S4-2]

1つ目は crush が幼くてくだらない（silly）ものであることが多いということがわかるフレーズです。outgrow は「〜脱却する、〜を卒業する」という意味です。

2つ目の fall in love with... で「〜に恋をする」という意味になります。日本語でも同じように「恋に落ちる」と表現するのは不思議な一致ですね。

3つ目の表現は p.124 の ask out... に通じますが、go out（付き合う、デートする）を使って告白する言い方がこちらです。

052

What do you see in her?

何であんな子がいいのよ?

「ウェンズデー」
シーズン１　第２話　より

Bianca: **Seriously, what do you see in her?** You have a thing for tragic goth girls with funeral-parlor fashion sense?

Xavier: Maybe it's because she hasn't tried to manipulate me.

Bianca: I make one mistake, and you can't forgive me. She treats you like crap, you can't get enough.

Xavier: Why are you fixated on Wednesday?

. . . .

ビアンカ：マジで何であんな子がいいのよ？　葬式場のファッションセンスを持った悲劇的なゴス少女が好みなの？
ゼイビア：多分、彼女はぼくを操ろうとしたりしないからじゃないかな。
ビアンカ：私は一度間違いを犯したわ、そしてあなたは私を許してくれない。あなたをゴミのように扱う彼女には夢中なのにね。
ゼイビア：君はなぜウェンズデーに執着するんだ？

解説 　純粋な疑問文ではない点に注意しよう！

　恋愛が三角関係になったり、恋愛と友情がもつれたりすると、ややこしいことになってしまいがちです。そんなときもこのフレーズを知っていれば、キチンと本音でぶつかっていくことができます。

　What do you see in her? を直訳すると「あなたはあの子に何を見ているの」、つまりあの子のどこがそんなにいいのか私にはわからない！　という意味になります。恋敵へのイラ立ちをぶつけるときや、友人のパートナーが気にくわないとき（あんな男やめときなって！というような感じでしょうか）によく使われる表現です。疑問形ではありますが純粋な質問ではなく、反語のような用法で使われている感じです。

　左ページの英文冒頭の Seriously からは、「本当にわからないんだけど、なんであんな子に引っかかってるの!?」という苛立ったような感じが伝わってきます。

　結局自分は、相手が好きな人のことが気にくわない、という前提になりますから、相手を選んで話す必要がありそうなフレーズです。自分の大切な人に正気に戻ってほしいときに使ってみたいものです。

類似表現

What is it that you see in her?!
あの人の何がいいの？

What does he see in her?!
彼はあんな女のどこがいいのよ！［カントリー・コンフォート〜家族の歌〜　S1-10］

　2番目のフレーズは母を亡くした小さな女の子が、父親に再婚相手候補がいることが受け入れられずにいるときに言うシーンのセリフです。かなり強めの拒絶の感情があることがわかりますね。

053

寂しがるときのフレーズ

I miss you already here.

もう寂しくなってきたわ。

「エミリー、パリへ行く」
シーズン1 第1話 より

Emily: You're gonna love Paris. I don't want to spend another day in the most romantic city in the world without you.

Boyfriend: I'll be there soon, okay?

Emily: Hurry. **I miss you already here.**

· ·

エミリー：あなたもパリが気に入るわ。あなたなしで世界で最もロマンティックな都市で日々を過ごすなんてイヤよ。
彼氏：すぐに会えるよ、オッケー？
エミリー：急いでね。もう寂しくなってきたわ。

解説 ✍ I miss you. は普段のあいさつにも使える！

アメリカからパリに転勤した主人公エミリーが、現地に残してきた恋人に電話をかけて想いを伝えたときのフレーズです。I miss you は寂しい、恋しい、会いたいといったような意味で、まだ離れてから時間がたっていないけれどもう寂しいというニュアンスが already（すでに）に込められています。

筆者の友人のフランス出身の方が日本から母国に戻るとき、SNS に羽田空港の写真をのせて I miss Japan already! と投稿していました。「離陸もしていないうちからさすがに気が早いのでは？」と思いましたが、残してきた友人たちのことやしばらく帰ってこれないという予感を含めて、すでに寂しく思うと表現したのでしょうね。

そうした意味があるため、**友人や恋人と長いこと会えないときにも使えますし**、元恋人とよりを戻したいときにも使われるメッセージです。

一方で I miss you. は、よく顔を合わせる家族や親しい友人同士では日常のあいさつ程度に使われる表現でもあります。出がけの「行ってらっしゃい」、「頑張ってね」くらいの感じでしょうか。

類似表現

You will be missed.
寂しくなるよ。［ブルックリン・ナイン - ナイン　S1-22］

異動で職場などを去る人に、「ここのみなも寂しがるよ」と残る立場の側から声をかけるときに使えるフレーズです。

054 ★ ★ ★ ★

安定した関係を示すときのフレーズ

It's so easy with him.

彼とは気楽にいられる。

◄ 「エミリー、パリへ行く」
シーズン2 第10話 より ►

Emily: I know that long-distance is hard, but **it's just so easy with him.** Why am I even thinking about someone else?

Mindy: Because someone told you not to. And until you tell him the truth about how you feel, I think you're always gonna wonder. And that's not fair to anybody.

Emily: I shouldn't.

Mindy: Stop saying "should."

- -

エミリー：長距離恋愛は難しいってわかってるけど、彼とは気楽にいられる。なのに何で私は他の誰かのことを考えているんだろう？
ミンディー：なぜなら、その誰かがあなたに恋愛には踏み込まないと言ったからよ。そしてあなたが彼にどう感じているか本心を伝えない限り、いつも頭から離れない。それって誰に対しても健全じゃないわ。
エミリー：すべきじゃないのよ。
ミンディー：「すべきじゃない」とか言うのをやめて（自分がどうしたいかでしょ）。

解説 ハードな恋愛とイージーな恋愛の対比に注目！

長距離恋愛に突入しそうで迷っている主人公のセリフから。

　難しい恋愛の筆頭に挙げられる遠距離恋愛は、そのままの表現で long distance relationship と言います。ここでも I know that long-distance is hard と、遠距離恋愛はうまくいきづらいものだという前提が垣間見えますね。

　しかし予想されるハードさとは逆に、今の相手との関係は easy、つまり気負わず自然体でいられると言っています。その彼となら遠距離であってもやっていけるんじゃないかと思えてしまうが故に悩んでいるようです。そしてその彼に「恋愛には踏み込まない」と言われてしまったので、主人公のエミリーはますます悩んでしまうのです。

類似表現

We'll make it work.
2人でどうにかしよう。［ママと恋に落ちるまで　S1-1］

We'll work through it.
2人でどうにかしよう。［LUCIFER ／ルシファー　S5-10］

　遠距離恋愛しかりロミオとジュリエットしかり、恋愛には障壁がつきもの。そんなときもめげずに「どうにか頑張っていこうよ」と励まし合うためのフレーズが We'll make it work. です。make it work はここでは「成り立つようにする、うまくやっていく」という意味になります。

　正直、目の前に立ちふさがる困難に対する具体的な策は何も持っていないのですが、とにかく「何があってもぼくたちなら大丈夫」と自分たちに言い聞かせているという場面ですね。主語が we となっている点が、2人で立ち向かっていく気概を感じさせる、素敵な言い方です。

055 ★ ★ ★ ★

贈り物をするときのフレーズ

That is a token of my appreciation.

それは感謝の印だよ。

「SUITS/ スーツ」
シーズン5 第5話 より

Donna: What's this?

Louis: **That is a token of my appreciation.** You told me to trust Harvey with Esther and you were right. Now, Harvey and I are good.

Donna: Well, if you're going to give me a gift every time I turn out to be right, then I'm going to need a bigger apartment.

Louis: Well, not every time, but this time.

· ·

ドナ：これは何？
ルイス：それは感謝の印だよ。エッシャーとハーヴィーを信じるように君が言ってくれた。そして君は正しかった。おかげでハーヴィーと私は仲直りできた。
ドナ：私が正しかったとわかる度に毎回何かもらっていたら、もっと大きなマンションが必要になるわ。
ルイス：毎回じゃないよ、今回は特別。

解説 様々な贈り物のシーンに合わせて使い分けよう！

　贈り物とは気持ちをカタチに込めたもの。そんな真心がよく伝わるのがこのフレーズです。token とは象徴や印、証といった意味なので、token of my に続けて自分の気持ちを示すことで、贈り物に込めた気持ちを伝えることができます。

　例示したフレーズでは appreciation（感謝）をカタチにしたものだと言っていますが、恋人に贈り物をするならば a token of my love for you、友人にならば a token of our friendship など様々に応用ができるのが、このフレーズの良いところです。

類似表現

I thought this would look good on you.
あなたに似合いそうだと思って。

This is a little something that reminded me of you.
これを見つけて、あなたのことを思ったの。

　相手のことを考えて手に入れた贈り物、特に身に着けるものについて言う際はこの1番目の言い方が良いでしょう。

　旅先などでお店を見ているとき、「あの人の好みだな」とか「あの人に似あいそうだな」などと思うと、いてもたってもいられず買ってしまったりしませんか？　そんな気持ちを言い表すならこの2番目のフレーズです。remind me of...（私に〜のことを思い出させる）という表現を使っています。

イチャつくときのフレーズ

We just made out a couple of times.

何回かイチャついただけだよ。

「ストレンジャー・シングス 未知の世界」
シーズン1 第1話 より

Barbara: So, did he call?

Nancy: Keep your voice down.

Barbara: Did he?

Nancy: I told you, it's not like that. Okay, I mean, yes, he likes me, but not like that. **We just made out a couple times.**

・・

バーバラ：彼から電話は？
ナンシー：声を落としてよ。
バーバラ：それで？
ナンシー：言ったでしょ、そんなんじゃないって。いいわ、好かれているけどそういうのじゃないから。ただイチャついただけよ。

解説 「イチャつく」は英語で何と言う？

　make out という表現は「理解する」という意味でもよく使われますが、くだけた口語で使われると「**イチャつく**」という意味になります。キスとかハグくらいの感じでしょうか。若いカップルなどによく使われる表現なので、学園ものドラマなどではよく聞かれる表現です。友人同士のゴシップなどで Get this, they were so making out in the library!（聞いてよ、あいつら図書館でイチャイチャしてたよ！）などと報告し合うところや、自宅でデートしていたところに親が帰ってきて必死に言い訳するシーンなどに注目すると、この表現がよく出てきます。

　このフレーズについて言えば、a couple of times とは2、3回のこと。何回かいい感じになったがそこまで深い仲ではない、ということを言っています。

類似表現

Look at that, she is all over him.
見てよ、あのイチャつきよう。

They started to undress each other with their eyes.
目線でお互いを裸にし始めた。

　1つ目は、オフィスでイチャつくカップルを苦々しげに見ている人のセリフから。A is all over B. で、A が B にベタベタ、イチャイチャしている様子を表します。恋人同士の様子を指す表現ではありますが、make out と比べて少し一方的な感じになります。

　イチャついている2人が目線を交わす様子をクリエイティブに表現した2つ目のフレーズも面白い例です。undress で「ドレス（服）を取り去る」、つまり「脱がせる」ということ。「視線でお互いの服を脱がせようとしているみたいだ」という少し際どいながらも、ある場面では的確な表現です。

057 ★ ★ ★ ★

相方に感謝するときのフレーズ

I don't know
how you put up with me.

こんなぼくによく耐えられるね。

「モダン・ファミリー」
シーズン9　第8話　より

Mitchell: I'm sorry. Didn't mean to offend you.

Cameron: Oh, you didn't offend me. I'm just being oversensitive like you said.

Mitchell: I'm just being my normal snooty self. I don't —**I don't know how you put up with me.**

Cameron: **I don't know how you put up with me.**

. . . .

ミッチェル：ごめんよ。傷つけるつもりじゃ。
キャメロン：あぁ、傷つけてなんかいないよ。君が言った通りぼくも神経質過ぎたよ。
ミッチェル：ぼくのほうこそいつものように高慢だった。よくこんなぼくに耐えられるね。
キャメロン：君のほうこそ。

★　★　★
★　　★

解説　辛抱強く付き合ってくれる相方に感謝したいときに

直訳すると「なんで君がぼくに耐えてくれているのかわからないよ」という意味になるように、いつも自分が迷惑をかけている相方やパートナーに感謝するフレーズです。put up with... で「〜に耐える、我慢する」という意味になります。

何か自分の悪い癖が出てしまったり、いつも申し訳ないなと思ったときに、辛抱強く付き合ってくれている相手に改めてお詫びと感謝をしたくなることがあると思います。

筆者自身は酔うと好きな仏像について語り出すことがあるのですが、何度もその話を聞いているイギリス人の友人はいつも嫌な顔をせず聞いてくれます。彼に一度このフレーズでお礼を伝えたら、大いに笑って My pleasure!（いいってことよ！）と言ってくれたものです。

類似表現

I'm sorry I was never a better husband.
こんな夫でごめんよ。[コミンスキー・メソッド]

I'm sorry I wasn't a better father.
こんな父親でごめんよ。[ウェンズデー　S1-5]

You make me wanna be a better person.
あなたのために良い人間になろうと思うの。[インスティンクト—異常犯罪捜査—　S1-3]

I'm sorry I was never a better husband. は、今まで a better husband（良い夫）になれなかったことを謝る表現です。

You make me want to be a better man.（君のおかげで、もっといい男になりたいと思ったんだ）はジャック・ニコルソン主演の映画『恋愛小説家』（原題 "As Good As It Gets"、1997 年）で有名になったセリフです。

058 ★ ★ ★ ★

痴話喧嘩するときのフレーズ

I don't even know you.

信じられないよ。

「LUCIFER/ルシファー」
シーズン1 第13話 より

Dan: I deserve that.

Chloe: You lied to me. **I don't even know you.**
You shot a man in cold blood.

Dan: I shot Malcolm to protect you.

· ·

ダン：（クロエにビンタされて）当然だな。

クロエ：私に嘘をついたわね。信じれない。あなたは冷血にも人間を銃で撃った
のよ。

ダン：俺がマルコムを撃ったのは君を守るためだ。

解説 英語でケンカできるぐらいのレベルを目指そう！

　外国語を学習する方にとって「その言語で大喧嘩ができれば熟達した証だ」とよく言われます。頭に血が上った状態でも自分の言い分をしっかり通すことができるのであれば、確かにかなりうまくなったと言えるかもしれません。ここでは主に痴話喧嘩に関するフレーズをご紹介します。

　左ページのフレーズは、恋人や信頼していた同僚に嘘をつかれたり裏切られたときによく聞かれる表現で、「こんなことをするなんて、もうあなたという人がわからないよ」という意味合いです。信じていたのに裏切られた混乱、悲しみと怒りが伝わってくる表現ですね。

類似表現

> **Just hear me out.**
> まあ聞いてくれよ。[SUITS/ スーツ　S5-7]
>
> **Let me explain.**
> まあ聞いてくれよ。[LUCIFER/ ルシファー　S5-2]
>
> **I've had enough!**
> もうたくさんだ！[グレイズ・アナトミー　S11-20]

　Just hear me out. は、浮気などがばれて詰められているとき、「落ち着いてくれ、説明させてくれ」と懇願するときのフレーズ。hear one out で「（人）の言い分を最後まで聞く」という意味になります。explain（説明する）を使った Let me explain. も、言い逃れをするときよく使われるフレーズです。

　I've had enough! は、Enough! だけでも使われ、「もうたくさんだ！、うるさい！」という意味になります。Enough is enough.（もううんざりだ）のように表現することもできます。

　その他、Did you think I won't find out?（ばれないとでも思ったの？）、Don't freak out.（怒らないでくれよ）、What were you thinkings?!（何考えてたのよ！）といった痴話喧嘩によく登場するフレーズも、この機会に押さえておきましょう。

059

恋をあきらめるときのフレーズ

We never really had a chance.

やっぱりうまくいかないわ。

「エミリー、パリへ行く」
シーズン1 第10話 より

Emily: I don't think I should... ever see you again.

Gabriel: Oh. And... what if I wanna see you again?

Emily: Well, then we'd both be hurting someone that we care about a lot. **We never really had a chance.** But at least, now, we have this one perfect thing. And I feel like I'm dreaming and I'm about to wake up.

. . . .

エミリー：私はもう二度とあなたに会うべきじゃないと思う。
ガブリエル：おぉ。もしぼくはもう一度君に会いたいって言ったら？
エミリー：そうしたら、私たちは大事な人をたくさん傷つけてしまう。やっぱりうまくいかないわ。でも、少なくとも今、私たちはこうして最高の時を過ごしている。私は夢を見ていて、目覚めようとしている。

解説　恋の終わりを告げる様々な表現を押さえておこう！

　恋愛ドラマを観ていると、「この２人はくっつくのだろうか、うまくいかないのだろうか」というのが気になって仕方ありません。そして、なぜか自分が推しているペアほどうまくいかなかったりして、特に残念なのは真剣になる前にお互いが恋をあきらめてしまう場合ではないでしょうか。

　左記の例は、彼女がいる男性に恋をしてしまった主人公が、彼をあきらめることを直接伝えに行った場面から。実は彼も主人公に惹かれているのですが、周りの人のために気持ちを押し殺すしかない、ということが取り上げたフレーズから伝わってきます。have a chance で、ここでは恋がうまくいく可能性があるということですが、それを never really... と寂しげに否定しているのです。セリフすべてに詩情の漂う良いシーンですので、ぜひ引用部分全体を読んでみてください。

類似表現

We were two ships passing in the night.
もう会うこともないでしょう。［BONES—骨は語る—　S6-12］

I think we're better off as friends.
私たち友だちのほうがいいわ。［ファミリー・ストーリー　S4-6］

　１つ目のフレーズは、自分たちの関係を、闇夜に一瞬だけ出会い、少しだけ関わってすぐにすれ違ってしまう船に例えています。縁も何もなく、去ってしまえば二度と会うこともない２人の切ない関係がよく表されています。

　一方で２つ目のものは、もともと仲の良い友達同士だったが次第に意識し始め……という王道の展開でよく聞かれる、これまた切ないフレーズ。better off...（〜のほうが良い、マシだ）という表現を使い、「恋人にはなれないから友達でいましょう」と言っているわけです。特にティーンエイジャーが主に登場するような青春ドラマでは頻出するため、押さえておきたいところです。

060

相手をふるときのフレーズ

He dumped me in a text!

あいつは私をメールでふったんだ。

「シングル・アゲイン」
シーズン1 第4話 より

Michael: He walked out, took all his shit, and **dumped me in a text**.

Mom: No. No, this can't be. No, you seemed so in love at the birthday party. What did you do? Did you cheat?

Michael: Uh—Of course not!

. . . .

マイケル：彼は出て行った。私物を持って、メールでぼくをふったんだ。
母：ウソでしょ？　あり得ないわ。誕生日パーティーのときあんなに仲良さそうだったじゃない。あなた、何をしたの？　浮気した？
マイケル：あり得ないよ！

解説 イロイロな別れの表現を知っておこう！

　出会いがあれば別れもあるものですが、なかでも悲しいのは一方的にふられたときでしょう。英語ではそれを **dump する**と言います。ダンプカー（英語は dump truck）という荷台が傾いて荷物をどさっと落とす重機がありますが、まさにあのように容赦なく投げ捨てられる感じです。スラングに近いカジュアルな言い方で、ふった側ならば「清々した」という感じ、ふられた側ならば「納得できない」という感情が込もった言い方です。

　出典のドラマのシーンはかなり悲惨な状況で、長いこと同棲していた（ゲイの）カップルの片方が急に出て行ってしまった場面です。He walked out は walk out of the relationship と補って考えることができ、2 人の関係、一緒に歩んでいた人生から歩き去ってしまったということ。dump one in a text は直接話し合って別れるのではなく、メールなどで勝手に別れを告げることです。誠意のないふり方の典型みたいな感じですね。かなりひどい別れ方だったことがわかります。

類似表現

> ## Are you breaking up with me?!
> 別れようって言いたいの!? [ビッグバン★セオリー　S6-16]
>
> ## She broke up with me.
> 彼女にふられちゃった。[ビッグバン★セオリー　S9-1]

　恋愛ドラマで修羅場の前によく聞かれるフレーズが Are you breaking up with me?! です。相手と話していて、やんわりふろうとしているような気配を察したら、このフレーズで真意をただすことができます。

　一方、どちらかがふったと言いたいとき、dump よりも感情的ではなく、より基本的な言い方が 2 つ目の表現です。どちらともなく関係を解消したときは We broke up.（私たち別れました）と言えます。

061

本気の恋に落ちたときのフレーズ

It was more than just a fling, she was in love with him.

遊びじゃなくて、彼女は本気だったのね。

「インスティンクト―異常犯罪捜査―」
シーズン1 第12話 より

Lizzie: I pulled Charlotte's e-mails with Mosher. **It was more than just a fling, she was in love with him.** He told her he wouldn't leave his wife.

Dr. Dylan: So she's pissed he ended the relationship?

Lizzie: In her last e-mail three days ago, she threatened to go public with the affair.

・・・・・・・・・・・・・・・・・・・・・・・・・・・・・・

リジー：モシャーと一緒にシャーロットのEメールを調べたの。遊びじゃなくて彼女は本気だったのね。彼は彼女に、妻と別れる気はないと伝えた。
ディラン：それで、彼が関係を終わらせたことに彼女はキレた？
リジー：3日前のメールで彼女は不倫を公にすると脅しているわ。

解説　「ただの火遊び」や「本気の恋」を英語で言うには？

　海外ドラマの恋愛シーンを観ていて気づくことのひとつに、I love you の重さがあります。たとえ付き合っている2人でも、相手にこのフレーズを言うことは実はかなり大きなステップで、将来を考えるほど本気だというサインとも取られるようです。確かに love という言葉は夫婦や親子間でもよく使うので、家族愛に近いものを意識させるのかもしれません。

　そうした感覚がつかめるのがこのフレーズ。本気ではなく火遊びのことを fling、本気の恋愛をしていることを being in love（with someone）と言うことが一度に覚えられるので便利です。つまり、逆に「彼女にとってはただの遊びだった」と言いたい場合は She didn't really love him, it was just a fling. となります。

類似表現

I love him, I'm not in love with him.
好きだけどそういう好きじゃない。[ブルックリン・ナイン-ナイン　S2-12]

　「人としてはとても好きだけれど恋愛感情はない」という意味で語られたこのフレーズからは、love と being in love の差が学べます。love のほうが広義の「好き」で、in love のほうにはより明確に恋愛感情があるという意味になるんですね。

　さらに関係を明確にしたい場合は、I love him as a colleague, but I'm not in love with him.（同僚としては好きだけど、恋愛感情はないわ）などと言うことができそうです。

062

復縁を願うときのフレーズ

We should get back together.

よりを戻すべきだよ。

「エミリー、パリへ行く」
シーズン2 第2話 より

Emily: All I want is for Gabriel and Camille to get back together. Okay? But I just need your help. Please come.

Mindy: Okay, I'll call Camille and see if I can get on her flight.

Emily: Yes! Okay, thank you. I'll see you soon.

Mindy: I love you, see you later. Bye.

· ·

（電話にて）エミリー：私はただガブリエルとカミーユを復縁させたいの。オーケー？ でも、あなたの協力が必要なの。来てよ。
ミンディー：オーケー。カミーユに電話して私も彼女のフライトに乗れるか確認するわ。
エミリー：やったー。ありがとう。待ってるわね。
ミンディー：大好きよ、じゃあ、後で。

解説 「よりを戻そう！」は英語で何と言う？

　左ページのスクリプトの例文は、喧嘩別れしてしまったカップルの両方と仲が良い主人公のエミリーが、よりを戻してくれないかと気をもむシーンから。

　恋愛関係に限らず人と人が復縁する、よりを戻すことを get back together と言います。直訳すればまさに「一緒に戻る」という感じでしょうか。

　このフレーズから歌手のテイラー・スウィフトの名曲 *We Are Never Ever Getting Back Together* (2012)を思い起こす方もいるかもしれません。まさにあの曲でも復縁を迫る元カレとのストーリーが綴られていますね。

類似表現

I don't want to get back together.
よりを戻したくはない。[glee/ グリー　S6-4]

I'd love to get back together with you sometime.
いつかまたよりを戻したいな。[セックス・アンド・ザ・シティ　S3-16]

It's just that I liked you so much. Can we just start over?
すごく好きだったんだ、やり直さないか？[フレンズ　S8-24]

　左ページの例文は We should get back together. となっており、第三者視点での表現ですが、「復縁したい（したくない）」とかつてのパートナーに向かって言うときは上記のように様々なパターンがあります。

　復縁を請うフレーズとしては Can we start over?（やり直さない？）もよく使われるもののひとつです。start over は人間関係に限らず「新たにやり直すこと」。色々あったけれど全て清算して、出会った頃のような状態に戻りたいという含意が感じられます。

　また、It's just that... や Can we just... のように just を端々に挟むのは、強調したいときであったり、必死に何かを伝えたくて余裕のないときです。

063 ★ ★ ★ ★

友人の恋人をほめるときのフレーズ

I like him,
and I like him for you.

彼は良い奴だし、君にもぴったりだよ。

◀ 「エミリー、パリへ行く」
シーズン3 第1話 より ▶

Emily: About the other day... There's so much more I wish I could tell you.

Gabriel: Emily, we can't keep doing this. I'm with Camille, you're with Alfie.

Emily: I know.

Gabriel: And Alfie's great. **I like him. And I like him for you.**

Emily: So do I. It's just complicated. He's going back to London tomorrow night.

. . . .

エミリー：先日のことだけど、もっとあなたに話したいことがあったの。
ガブリエル：エミリー、こういったことはもうやめよう。ぼくはカミーユと付き合っているし、君はアルフィーと付き合っているんだから。
エミリー：わかってる。
ガブリエル：アルフィーはいいよ。彼は良い奴だし、君にもピッタリだよ。
エミリー：そうね。でも、ちょっと複雑なの。彼は明日の夜、ロンドンに戻ってしまうし。

解説 👆 「君にピッタリだよ」と英語で言うには？

元カノの新しい交際を祝福する、ビターな大人のフレーズです。最初のI like himは「人として良い奴である」ということ、次のI like him for youは「君にお似合いだ」ということを表しています。

表現自体はビターなわけではなく、共通の知人同士が付き合ったというようなめでたいシチュエーションで便利に使うことができるフレーズです。カップルの2人共を知っているときにはぜひ言ってあげたい祝福フレーズです。

類似表現

She's perfect for Jason.
あの子はジェイソンとお似合いよ。［ギルモア・ガールズ　S4-10］

She would've been absolutely perfect for you.
彼女はあなたにピッタリだったでしょう。［ママと恋するまで　S1-7］

I like him for you. をより強調した形は perfect for... （〜に最適な、〜にピッタリの）となります。

元カレから「君たちはお似合いだよ」と牽制されてしまった際の切り返しとして、左ページの英文では It's just complicated. （ちょっと複雑なの）と答えています。このフレーズも、登場人物の一言では言い表せない複雑な心境や状況を示すのによく使われます。

064

失恋の痛手を負ったときのフレーズ

I will never love again.

もう二度と恋なんてしない。

◀ 「ファミリー・ストーリー ～これみんな家族なの？～」
シーズン3　第2話　より ▶

Jade: Royale's going on tour, so he broke up with me last night. **I will never love again.** I'm gonna become a nun.

・・・・・・・・・・・・・・・・・・・・・・・・・・・・・・・・・・

ジェイド：ロイヤルはツアーに出るから、昨晩、彼と別れたの。もう二度と恋なんてしない。尼僧になる。

解説 ✍ 「仕事と恋愛は別」は英語で何と言う？

　失恋してしまったときの独白として、とても面白い例です。恋愛はこりご
りだという際に I will never love again まではわかるのですが、続けて I'm
gonna become a nun（修道女として生きるわ）とまで言っている点がユー
モラスですね。

類似表現

> ## Lesson learned, I'm never mixing dating and work ever again.
> これで懲りたわ、仕事と私情は分けないと。［エミリー、パリへ行く　S2-3］
>
> ## He's like the last person I wanna see right now.
> 今は彼にだけは会いたくないわ。［エミリー、パリへ行く　S2-3］

　恋愛と仕事を混同するとろくなことにならないのは海外ドラマではお約束
です。1 つ目のフレーズは、そんな窮地に陥った主人公が両者を峻別する決
意をしたシーンから。身をもって学ぶことを learn a lesson と言うこと、
恋愛と仕事を混同することを mix dating and work と言うことの 2 点が学
べるお得なフレーズです。

　2 つ目のフレーズにも大事な表現が含まれています。the last person I
wanna see とは、例えば I wanna see（会いたい）人のリストを作ってい
くとして、全世界でそのラストに来るような人、つまり今一番会いたくない
人のことを指しています。確かに別れた直後は気まずいやら心が痛いやらで、
本人に出くわすのは辛いものがありますよね。

　この表現自体は他の文脈でも用いられる便利なものですので、ぜひチェッ
クしておいてください。

065

釣り合わないと伝えるときのフレーズ

I'm out of your league.

私と君とじゃ釣り合わない。

「ブルックリン・ナイン - ナイン」
シーズン 8 第 7 話 より

Holt: You actually think I would have relations with him? His watch has a cloth strap.

Todd: I really thought we had something.

Holt: Wake up, Todd. **I'm out of your league.** You thought you could meddle in my personal life, but I was ten moves ahead the whole time. And now, checkmate.

・・・・・・・・・・・・・・・・・・・・・・・・・・・・・・・・・・

ホルト署長：君たちは本当に私が彼と関係を持つと思ったのかね？ 彼の時計は布バンドなんだぞ。
トッド：私たちはいい感じかと。
ホルト署長：目を覚ませトッド、私と君とじゃ釣り合わない。君たちは私の私生活に余計な世話を焼くことができると考えたのだろうが、私は常に君たちの 10 手先を読んでいる。今、チェックメイトだ。

★　　★　　★
★　　　★

解説 ✍ 「高嶺の花」は英語で何と言う？

日本語で言う「高嶺の花」、手の届かない存在のことを英語では out of one's league（手の届かないリーグ）と言います。どうやら野球からきた表現のようで、自分の実力に見合わないリーグがあるということです。転じて、自分からアプローチする勇気も出ないほどの相手のことをも言うようになりました。

　She's out of my league.（彼女は私には高嶺の花だ）などのように使われますが、ここでは I'm out of your league.（私はあなたにとって高嶺の花だ）と言っているわけです。

類似表現

He's not good enough for her.
彼はあの子とは釣り合わないわ。［ギルモア・ガールズ　S5-5］

She's not good enough for my little boy.
彼女はうちの坊やとは合わないわ。［モダン・ファミリー　S10-11］

　類似フレーズでは少し視点を変えて、子供を見守る親の立場からのフレーズを参照します。

　特に後者の例は、息子を溺愛する熱血ママが彼女候補に苦言を呈するセリフから引用しました。She(He) is not good enough for...（うちの〜とあの子じゃ釣り合わないわ）とはいかにもひどいですが、まさに「あんな子じゃまだ不足よ」と言っているわけです。それだけ自分の子供を愛しているということでもありますが、やはり偏愛的な保護者のセリフとしてドラマでよく登場する表現です。

066

失恋した友人を気遣うときのフレーズ

Still nursing a broken heart?

心の傷はまだ癒えない?

「グレート・ニュース」
シーズン2　第9話　より

Carol: How are you doing? **Still nursing a broken heart?**

Katie: What? No, I'm fine.

Carol: I brought your old Nick Carter sticker album. It used to cheer you up.

・・・・・・・・・・・・・・・・・・・・・・・・・・・・・・・

キャロル（母）：大丈夫?　心の傷はまだ癒えない?
ケイティ：何?　私は大丈夫。
キャロル：あなたの好きなニック・カーターのシール帳を持ってきたわ。あなたはこれで元気出していたものね。

解説 💪 失恋に関するイロイロな表現を知っておこう！

左の英文では nurse one's heart（心をいたわる）という表現を活用して、nursing a broken heart（失恋した心をいたわっている）のかと聞いています。

失恋のことは heartbreak と言いますが、心を破るとは言いえて妙な感じもします。イギリス人の知人が一度「日本語の失恋という言葉はおかしい、恋心はなくならないから辛いんじゃないか」ということを言っていて、むべなるかなと思ったものです。

また、落ち込んでいる家族や友人を気遣うときにかけてあげたい言葉として、How are you doing?（大丈夫？）があります。この場合は失恋して落ち込んでいる人の様子をうかがっています。併せて覚えておきましょう。

類似表現

I'm heartbroken.
失恋したんだ。［モダン・ファミリー　S5-6］

She broke my heart.
彼女が私をふった。［LUCIFER/ルシファー　S5-6］

This trip is gonna get you back on your feet.
この旅できっと立ち直れるさ。［ロイヤル・ペインズ—救命医ハンク—　S1-1］

I'm broken-hearted.、I'm heartbroken.、She broke his heart. などは、失恋に関する基本的な表現です。

３つ目の表現は、失恋した兄を無理やりにでも旅行に連れて行き、気分転換させようとした弟のセリフから。back on one's feet で自分の足でまた立つ、つまりダウンしていたが、立ち直ることを指します。

067

プロポーズするときのフレーズ

Will you marry me?

結婚しない?

「ママと恋に落ちるまで」
シーズン1 第1話 より

Narrator: There are two big questions a man has to ask in life. One, you plan out for months. The other just slips out when you're half drunk at some bar.

Marshall: Will you marry me?

Ted: You wanna go out sometime?

Lily: Of course, you idiot!

Yasmin: I'm sorry, Carl's my boyfriend.

・・・・・・・・・・・・・・・・・・・・・・・・・・・・・・

ナレーター:男性が生涯にする質問には大きく2種類がある。1つは、何カ月も考え抜いた質問。他方は、どこぞのバーでほろ酔いのときに勢いでする質問だ。
マーシャル:ぼくと結婚してくれる?
テッド:デートしないか?
リリー:もちろんよ、馬鹿ね!
ヤスミン:ごめんなさい。カールが私のボーイフレンドなの。

解説 イロイロなプロポーズの言葉を押さえておこう！

　結婚を申し込むときの一番基本的なフレーズがこちら。主語が you になっていて、「結婚してくれるかい？」となっているのが素敵です。

　また左ページの英文で使われている go out ですが、ここでは「外出する」ではなく、「デートする」の意味で使われています。go out with... で「～と付き合っている」という意味にもなります。I used to go out with her.（かつて私は彼女と付き合っていた）。

類似表現

> ### Will you make me the happiest man in the world, and remarry me?
> 俺を世界一幸せな男にしてくれ、再婚してくれないか。[わが愛しのブロックバスター　S1-10]
>
> ### You're the missing piece to complete my life, and I hope I'm yours, too.
> 君こそがぼくの人生最後の1ピースだ、ぼくも君にとって同じだといいな。
> [メリーハッピーとんでもホリデー]

　1つ目は marry ではなく remarry（再婚）となっている点はイレギュラーですが、この言い回しも大変良く使われるプロポーズのフレーズです。

　2つ目のフレーズのように、少しおしゃれなパターンも。運命の相手をパズルの1ピースに例えることもよくあります。

068

何とかなると言い聞かせるときのフレーズ

You can make this work.

どうにかなるわ。

「ビッグバン★セオリー / ギークなボクらの恋愛法則」
シーズン 6 第 15 話 より

Penny: It's just... It's a really big step.

Leonard: Is it? We're together all the time. Financially, it makes great sense. Can you think of one reason why we shouldn't do this?

Penny: Well, um... Heh. I'm just a little thirsty. I got nothing.

Leonard: Great. I'll go get my stuff.

Penny: Okay. All right, don't freak out. **You can make this work.**

ペニー：きゅ、急展開過ぎて。
レナード：そう？ ぼくらはいつも一緒にいるし、経済的にもとても理にかなっている。ぼくらがそうすべきでない理由を一つでも考えてみてよ。
ペニー：うーんと、ちょっと喉が渇いてきちゃった。……ないわね。
レナード：よし。ぼくは自分の荷物を取りに行ってくるよ。
ペニー：オッケー、わかったわ。落ち着いて。どうにかなるわ。

解説 ✍ 「うまくいく」を英語でどう言う？

カップルに難局が訪れ、それを乗り越えようとするときによく聞かれるフレーズです。片方が転勤するとか、家族に反対されたとかの逆境においても make it work（うまくいくようにする）ことができると言っているのです。ここでの work は「働く」ではなく「うまくいく」「効果的だ」という意味になります。The plan worked.（計画はうまくいった）のように使えます。

類似表現

We're gonna make this work.
どうにかしよう。［スイート・マグノリアス　S1-7］

We'll be all right.
大丈夫だよ。［ブレイキング・バッド　S2-3］

Jake, don't freak out.
ジェイク、落ち着いて。［ブルックリン・ナイン - ナイン　S5-16］

恋愛や家族の関係というものは、特にドラマの中では正直手詰まりでどうしようもない展開になることもあるものです。そうしたときにも登場人物たちは上記のような表現を自分にくり返し言い聞かせて平静を保とうとします。「自分に言い聞かせる」という役割のセリフがあることも意識しながらドラマを見てみてください。

なお、左ページの英文で You can make this work. とともに用いられている Don't freak out. は「落ち着いて」「パニックを起こさないで」という意味です。こちらのフレーズも、思わぬトラブルやハプニングに対して「まずは落ち着こう」と自分や相手に言い聞かせる場面でよく用いられます。

069

子供ができたときのフレーズ

We are having a baby.

子供ができたの。

「モダン・ファミリー」
シーズン 10 第 10 話 より

Haley: We have an announcement. **Dylan and I are having a baby.**

Dylan: Are they smiling?

Claire: You're pregnant?

Haley: Yes. And w—we're really happy about it.

Phil: Why wouldn't you be?

. . . .

ヘイリー：発表があります。ディランと私は赤ちゃんを授かりました。
ディラン：みんな笑ってる？
クレア（母親）：妊娠？
ヘイリー：そうよ。私たちとてもうれしい。
フィル（父親）：当然だ。

解説 妊娠に関するイロイロな表現を押さえておこう！

　お腹に子供がいるという単純な表現ですが、気を付けたいのは、「私たちは（すでに生まれた）赤ちゃんがいる」という意味ではないということ。have a baby は「子どもを産む」という意味なので、ここでは現在進行形で近い将来を表し、「近い将来子どもが生まれる」、つまり「子どもができた」と言っているわけです。将来への希望が膨らむ良い表現ではないでしょうか。

類似表現

> ### I'm expecting a child.
> 妊娠中なの。
>
> ### Congratulations! How far along are you?
> おめでとう！　今何カ月なの？ [ビッグバン★セオリー　S11-2]
>
> ### My water just broke.
> 破水したわ。[glee/ グリー　S1-22]
>
> ### Katie, welcome to my gender reveal party.
> ケイティ、私の子の性別発表パーティーへようこそ。[グレート・ニュース　S2-5]

　妊娠していることを expecting a child または簡潔に expecting と言うことができます。How far along? は、「（道中の）どこにいるの？」といった意味の質問ですが、妊婦さんにこれを聞くと「今何カ月なの？」という意味になります。また、My water just broke. は少し生々しい表現かもしれませんが、海外ドラマでは妊婦さんが突然破水してみんなでパニックになるというお約束のシーンが、もう様式美といって良いほど大変よく出てきます。

　2000 年代以降アメリカで始まったイベントとして gender reveal party（性別発表パーティー）という、妊娠中に赤ちゃんの性別がわかったときにそれを発表するパーティーがあります。メインイベントの性別発表は、例えば大きなケーキをみんなの前で切り分けたり、ピニャータ（中にお菓子やおもちゃを詰めたくす玉）を割ったりして、中のスポンジやお菓子がピンク色であれば女の子、青であれば男の子だとわかるという仕組みになっています。

070

相手の幸せを喜ぶときのフレーズ

I'm happy for you.

良かったなあ。

「ビッグバン★セオリー / ギークなボクらの恋愛法則」
シーズン6　第6話　より

Sheldon: I'll have everything I've ever wanted since I was 6 years old.

Leonard: That's really nice. **I'm happy for you.**

Sheldon: And **I'm happy for you** too. You are now friends with someone who is officially friends with Stephen Hawking. Enjoy it, boys. You may have peaked.

・・・・・・・・・・・・・・・・・・・・・・・・・・・・

シェルドン：6歳の頃から欲しがっていた全てが手に入るんだ。
レナード：それは本当にすばらしい。良かったなぁ。
シェルドン：君たちも良かったよ。君たちは今や公式にスティーブン・ホーキンス博士と友達の友達なんだ。楽しみたまえ。今が人生の絶頂期だぞ。

解説 脊髄反射でスッと祝福の言葉を！

親しい人から「仕事が決まったんだ」とか「結婚したんだ」「子供が生まれるんだ」などと言われたら、例えば Congratulations! に続けてこのフレーズが反射的に言えると良さそうです。このフレーズは直訳すると「あなたのためにうれしい」となるのですが、つまり、相手の朗報を聞いて自分もうれしく思うと言っているわけです。素直な祝福の言葉としてとても使いやすく、ぜひ覚えておきたいところ。こうした社交的な正解を考えずとも言えることを、ぼくは「脊髄から表現が出てくる」などと呼んでいるのですが、これができると英語を使ったコミュニケーションが一段とスムーズになってくることでしょう。

類似表現

Your son is going to be lucky to have you as a father.
君の息子は君を父に持つことができて幸運な人生になるよ。[ビッグバン★セオリー　S11-4]

He's a lucky guy.
彼は幸せ者だな。

子供が生まれる、または生まれたばかりの人にかける言葉として適しているのが 1 番目の表現です。「君の子供は君を父親に持つことができてラッキーだね」というしゃれた言い回しであると同時に、going to be と未来を感じさせる表現を使うことで、子供も父親も成長の余地が十分あるのだという優しい含意がありそうです。

一方、これから結婚する女性をホメるときに使うのが 2 番目の He's a lucky guy. です。例えば密かに心を寄せていた相手の結婚式などの場面でこの切ないお祝いの言葉が聞かれたりしますが、そんな切なさも恋愛系ドラマの醍醐味ですよね。同じセリフでも単純にめでたかったり、切ない気持ちが込められていたりと奥が深いものです。

Column ④
筆者のドラマ鑑賞法とは？

　筆者は中学2年生くらいからドラマにはまりだし、コラム2の方法でほぼ毎日のように観てきました。最初に観たのは「glee/ グリー」か「ギルモア・ガールズ」だったと思いますが、同世代か少し上のアメリカ人の様子を見て、どこの国でも進学や恋愛に悩むのは変わらないなと思ったり、一方で高校の様子や町並みは日本と大きく違うなと思ったりして、とにかくすべてが新鮮で楽しかったことを記憶しています。当時は英語など全くわからず、「本当に Hello! ってあいさつしている！」などと初歩的なことで感動していました。

　ドラマのセリフを書き留める方法は中学の先生が「**マイフレーズブック**」という課題を出してくれたときに考案しました。この課題は教科書の一節や洋楽の歌詞、映画のセリフなど、気に入った短い英文をノートにまとめるというものでした。せっかくドラマをたくさん観ているから、と気に入ったセリフを書き出してみたら、たちまちのうちに小さな A5 ノート一冊が埋まってしまいました。課題提出日に他の生徒が「どうにか3ページ頑張って埋めた」などと話しているのを聞いて驚いたものです。

　このように両国中学・高校（東京都）では師に恵まれ、英語を勉強しているという実感のないまま英語力をつけることができました。高校では英会話のクラスの方針が **Enjoy making mistakes!**（**楽しく間違えよう！**）で、ミスを恐れないアウトプットの機会が多かったことも、英語の勉強が楽しめた一因だと思います。留学をしませんでしたが、ドラマによるインプットとクラスにおけるアウトプットが良い方向に働いたのだと思います。

👍 イチ推しの 恋愛ドラマ5選

Drop Dead Diva
Uncoupled
Glee
Gilmore Girls
Emily in Paris

「Drop Dead Diva」

私はラブ・リーガル

2009 〜 2012 ／ 6 シーズン（全 78 話）／約 45 分

Story ★ ★ ★ ★

　知的とは言い難いが外見は美しいデビー・ドブキンズはトップモデルを目指していましたが、TV 番組のオーディションに向かう途中、車の事故を起こして命を落としてしまいます。そんなデビーの魂が、ふくよかな体型だが心優しく頭脳明晰な弁護士ジェーン・ビンガムの体に入ってしまい、人生を再出発することに！　2 人の記憶を持つジェーンの恋の行方や法廷での活躍を描くハートウォーミング・コメディです。

このフレーズがイチ推し！

Whether I win or lose, I just want a fair shot.

勝てるとは限らなくても、公正な勝負がしたいのです。［ジェーン］

ココが推せる！

　設定が大変突飛なので最初のほうは面食らいますが、次第に法廷ものとしての体裁を確立していく作品です。

　美しさを失ったかわりにずっと憧れていた明晰な頭脳と法律の知識を手に入れたデビー（体はジェーン）は、持ち前の朗らかな心とジェーンの頭脳を活かして弁護士として活躍していくのです。職場をはじめまわりの人に様子がおかしいと気付かれ、ときには自分の心に嘘をつきながらも法廷に立ち続けるジェーンを応援したくなること請け合いです。

　基本的にコミカルなタッチで話が進行しますが、登場人物がシリアスに思い悩む場面もあります。そこで一種の清涼剤として働いているのが、デビーの親友だったステイシーの存在です。おしゃれ好きで快活な彼女は混乱するジェーンを支え、新しく人生をやり直す手助けをしてくれることになります。英語表現の上でも、**彼女と話すときのジェーンはくだけた英語でガールズトークをし、法廷に立つときは法律用語を駆使する**といったギャップが強調されることで作品世界に深みが増しています。

　また、話が進むにつれてラブコメ的な要素も強くなり、デビーの婚約者でジェーンの同僚である弁護士のグレイソンとの関係も丁寧に描かれていきます。デビーがジェーンとして生きることを受け入れることと、グレイソンがデビーの面影を追うことが互いを苦しめていくことになってしまいます。多くの障壁を超えてジェーンが出す答えとは、どのようなものなのでしょうか。

「Uncoupled」

シングル・アゲイン

2022年／1シーズン（全8話）／約30分

Story ★ ★ ★ ★

　自分の人生は順風満帆だと考えていたが、突然、長年付き合った彼氏が家を出ていってしまい、思いがけずシングルの身となってしまったニューヨークの不動産業者マイケル。すでに40代半ばのゲイであることを自覚し、人生と恋愛をやり直す道を模索し始めます。「セックス・アンド・ザ・シティ」のダーレン・スターとジェフリー・リッチマンのエミー賞受賞コンビがプロデューサーを務めるラブコメです。「ママと恋に落ちるまで」でバーニー・スティンソン役を演じたニール・パトリック・ハリスが主演。Netflix で独占配信中。

このフレーズがイチ推し！

He didn't leave me for anyone. He just wanted to leave me. Which somehow feels worse.

浮気ですらない、愛想を尽かされたんだ。そっちのほうが嫌だな。［マイケル］

ココが推せる！

　結婚を考えていた彼に裏切られ、心の傷を抱えたマイケル。人生の大きな柱が崩れ去ったことでショックを受けますが、個性豊かな友人たちがマイケルを立ち直らせてくれます。彼らはほとんどがシングルで、いまだ派手に遊んでいる人も多いため、恋愛と失恋のシーンが多いことにも注目です。

　主演のニール・パトリック・ハリスは名優として知られ、本作でもコミカルな演技を見せてくれます。勇気を出して新しい恋愛をしてみたり、仕事に打ち込んだり、それでも元彼を忘れられず嫉妬に狂う姿などは共感を誘います。セリフも、自身の境遇を嘆いたり愚痴ったりと、他の作品にはなかなかないタイプのフレーズがよく聞かれます。

　マイケルの周りの人々はみなどこか傷ついたり、悩みを抱えていたりします。それを紛らわすためにパーティーや恋愛にうつつを抜かすわけですが、どこかの段階で「それではいけない、それは一時的なモルヒネに過ぎない」と気付いてしまうのです。そうした諦観のようなものが作品全体にあり、しかしマイケルを軸にみながお互いを支えあうことで、現実をゆっくりと受け入れることができるようになるのでした。**中年以降の一筋縄ではいかない恋愛をほろ苦く描いた、新しいタイプの恋愛コメディ作品**としておすすめです。

「Glee」

glee／グリー

2009～2015年／6シーズン（全121話）／約45分

Story ★ ^ ★ ★

　マッキンリー高校の合唱部（グリークラブ）は落ちぶれ、廃部寸前でした。同校の教師ウィル・シュースターは、かつて人気部だった頃の栄光を取り戻すべく、新生グリークラブの顧問となり、部員を募集して歌の上手な生徒をスカウト！　しかし、集結した部員はそろいもそろって校内で負け犬のレッテルを貼られたマイノリティー（社会的少数者）ぞろい。部の予算を狙うスーからの執拗な嫌がらせにも悩まされます。それでもウィルはレッスンを重ね、全国大会優勝を目指すのでした。

　プロのミュージシャンやダンサー、ブロードウェイでの舞台経験などを持つ実力派のキャスト（出演者）たちが、1930年代から90年代のスタンダードから最新のヒットソング、有名なミュージカル・ナンバーなど、毎回幅広いジャンルから名曲をカバーするパフォーマンスが見所の1つ。

このフレーズがイチ推し！

We were raised by different parents, but we grew up in the Glee club.

ぼくらは親に育てられたが、グリーで一緒に成長したんだ。［シュースター］

ココが推せる！

　恋や友情、進路に悩む高校生たちや、彼らの周囲の教師や家族のやり取りをミュージカル調に描く青春ドラマ。唐突に始まる歌と踊りのパフォーマンスは圧巻で、そのシーンやキャラクターの心情に応じた様々な年代の名曲を、グリークラブの面々がカバーして歌い上げてくれます。典型的なアメリカの高校生活をつぶさに描いている点が興味深く、いじめやLGBTQといった要素を上手に絡めて多様な人間模様を描きだしています。

　基本的には**高校生活におけるカジュアルな会話が中心**で、大人であっても友人や恋人同士などで使えるフレーズはたくさんありそうです。若者ゆえにスラングが多く聞かれるシーンもありますが、軽薄な感じであったり喧嘩っ早いキャラクターが把握できれば気をつけるべきセリフもわかってくるはずです。また、生徒同士の会話や歌のパフォーマンスだけではなく、顧問のシュースター先生をはじめとした**大人たちの含蓄ある言葉**にも注目したいところです。glee はつまり、歌に魅了されたシュースターが生徒に歌う喜びを伝える物語なのです。また、生徒を教え導く大人たちも悩み傷つくこともあり、生徒たちの歌に励まされることもある関係に次第に感動が芽生えてくる、不思議な作品です。

　（放送当時の）高校生の若々しい英語や青春感あふれるセリフ、また洋楽の名曲が聞きたいときにはぜひ観ていただきたい作品です。どの世代の人が観ても洋楽のパワーのおかげで楽しめる、普遍的な良作だと言えるでしょう。

「Gilmore Girls」

ギルモア・ガールズ

2000〜2007年／7シーズン（全153話）／約45分

Story ★ ＊ ★ ★

　裕福な家庭で育ちながらも16歳で娘ローリーを出産し、シングルマザーとして女手一つで頑張ってきたローレライ・ギルモア。16歳の娘と姉妹のように何でも話す親子関係を築いているが、恋愛に興味を持ち始めた娘を見て、異性に翻弄された16歳の頃の自分の姿を重ね合わせずにはいられなくなります。娘には毎日を楽しんでほしいと願う一方で、母親としてローリーをきちんと育て上げなければならないという責任も感じ、日々、葛藤します。アメリカのコネチカット州の田舎町であるスターズ・ホローが舞台。

　シリーズ最終回から10年近い時を経た続編「ギルモア・ガールズ：イヤー・イン・ライフ」（全4話）がNetflixで独占配信。ローレライとローリー、そしてエミリーというギルモア家の女3世代、それぞれに訪れる変化を四季の中で描きます。

このフレーズがイチ推し！

Did you ever know that you're my hero?

あなたは私の小さなヒーローなんだから。［ローレライ］

ココが推せる！

　小さく閉鎖的だが人の心が温かなアメリカの田舎町での生活を扱った、独特の倦怠感を持った作品です。ギルモア家の三人を軸に、何ということはない日常が細やかにつづられるハートフルなドラマで、こぢんまりとした人生模様を細やかに、濃密に描きます。

　他の多くのドラマと違い、派手なアクションも驚くようなイベントも起こりません。ただ登場人物が仕事、進学に恋、家族関係など、**はたから見れば小さなことで思い悩むシーンの内面描写に魅力**があり、つい感情移入してしまいます。ストーリーを追うだけではなく彼らの人生をなぞるようなリアリティがあるため、人間関係や1つひとつの決断が複雑に絡み合うさまは観ていて少し疲れるほど。例えば一日一話などと決めて観ることも、話のテンポに合っていて良いかもしれません。

　ストーリーを大きく進めるのは、ローリーの成長や進学。繊細で性格の良い彼女と、快活で自然体な母ローレライが話し合うシーンに注目です。楽天家で気分屋のローレライは物語の清涼剤の役割を果たしており、冗談も交えながら町の人の相談に乗り、問題を解決していく彼女はまず注目したいキャラクターです。

　ギルモア家の面々と町の住人たちの心の機微をセンチメンタルに写しとっており、スローな展開が心地よい気怠さを醸し出しています。誰もが共感できるような等身大のシチュエーションしか出てこないこともあり、使える、そして使いたくなる英語表現に満ちた不思議な魅力のある作品です。

「Emily in Paris」

エミリー、パリへ行く

2020 〜 2022 年／ 3 シーズン（全 30 話）／約 30 分

Story ★ ★ ★ ★

　シカゴで働いていたアメリカ人、エミリー・クーパーは、思いがけずパリのマーケティング会社で職を手に入れ、夢の海外生活を開始します。フランス語がほとんど話せないエミリーをフランス人の同僚たちは邪魔者扱いしますが、持ち前の行動力とアイディア、特に SNS を活用したインフルエンサーとしての影響力などを駆使して困難を乗り越えていくのでした。アメリカとフランスの 2 つの文化の違いに悩み、恋と友情の間で翻弄されながらも成長していくエミリーの姿を描きます。エミリー役をイギリス出身のアメリカ人女優、モデルのリリー・コリンズ（『白雪姫と鏡の女王』）が熱演。Netflix で独占配信中です。

 このフレーズがイチ推し！

I like Paris, but I'm not really sure Paris likes me.

私はパリが好きだけど、パリは私が好きじゃないみたい。[エミリー]

ココが推せる！

　エミリーは職業柄おしゃれに気をつかい、SNS の活用にも長けているため画面がとにかく華やかで、視聴するのが大変楽しくなります。何よりもファッション、広告デザイン業界の華やかな様子を垣間見ることができる、唯一無二の作品です。

　英語表現上は、**エミリーが新しいプロジェクトを思いついたときなどのクリエイティブなフレーズ**と、**恋愛体質な彼女が恋愛をしたり、ルームメイトのミンディとゴシップをしたりするときのフレーズ**が参考になりそうです。ミンディの存在は本作において大きなもので、パリの現地人として、またエミリーの一番の理解者として頼れる存在なのです。

　舞台がパリ、登場人物も多くがフランス人ということもあって、英語に迫るくらい多くのフランス語のセリフを聞くことができます。無粋なアメリカ人のエミリーに、フランス人たちがフランス訛りの英語で人生の楽しみ方を教えてくれるシーンはわくわくするものです。

　また、フランス在住のアメリカ人が「たまにアメリカの R の発音が恋しくなるわ」と言うなど、言語的・文化的な違いが随所に散りばめられています（フランス語の R の発音はなかなか難しいのです！）。パリに憧れつつも、理想と現実とのギャップ、また仕事と恋愛との両立に悩むエミリーの華麗なパリ生活が観ていて非常に魅力的な作品です。

Column 5

純ジャパは「液晶留学」で英語を伸ばそう！

　英語についての本などを書いていますが、筆者は**留学したことのない「純ジャパニーズ」**で、中学の修学旅行を除けば英語圏に行ったこともありません。海外ドラマを観て、セリフをメモして、発音をまねる。このプロセスをくり返すことで、一度も英語を勉強していると思うことなく、ある程度の英語力を身に付けることができました。ただし音で英語を覚えているため綴り、スペリングの覚えが遅く、学校のテストでは苦労しました。こればかりは何度も練習するしかありませんね。

　中学・高校で英語のスピーチコンテストに推薦したもらった際は、「ボストン・リーガル」や「SUITS/スーツ」などの法廷ドラマの演説シーンを観て、自信たっぷりに装う方法を研究しました。また、中学3年生の修学旅行でアメリカに行く前には「フルハウス」を観ていたため、いわばホームステイの予習ができたと考えています。おかげで現地にすぐ馴染むことができ、ホストファミリーとの会話で困ることはありませんでした。

　こうした経験から筆者は、言葉を身に付けることを目的に現地に行く、いわゆる語学留学は大変もったいないと考えるようになりました。というのも、1年間英語圏で暮らした学生の英語を聞いても、ドラマのみで英語を学んだ自分よりも断然勝るとは思えなかったからです。むしろ現地での経験や人との交流を語るときこそ、彼らの目はひときわ輝いていました。つまり、少なくとも日本にいるうちにドラマで英語を身に付け、専門知識や文化の差を肌で体感するためにこそ留学すべきではないでしょうか。基本的な会話もできないまま現地へ飛び込むのは、個人的にはおすすめしません。

　留学の準備としても十分過ぎるほどの英語力が身に付くため、筆者はドラマ学習のことを、この本のサブタイルにも付いている「**液晶留学**」と呼んでいます。ぜひあなたも、今日からドラマの世界に飛び込んでみてください。

Part

4

仕事に使える

30フレーズ ★ ★ ★

071

> 有能さを示すときのフレーズ

I'm a capable attorney.

私は実力ある弁護士です。

「SUITS/ スーツ」
シーズン8 第3話 より

Brian: Mr. Bigelow, I can assure you that is not the case. Katrina values your business very much, and **I am a fully capable attorney.**

Bigelow: Not from what I see. And if I can't be handled by a competent attorney, I don't see why I should be handled by this firm at all.

· ·

ブライアン：ビゲロウさん、そうじゃないと保証します。カトリーナはあなたの仕事をとても大切にしていますし、私も有能な弁護士です。
ビゲロウ：私にはそうは思えないね。もし有能な弁護士に扱ってもらえないなら、なぜこの事務所に任せるべきなのか全然わからん。

解説 👆 堂々と自ら capable と自称しよう！

同僚や仕事相手を評して「仕事ができる」という言い方はビジネスをする上で覚えておきたいところ。中でも特に便利に使えるのが capable（能力がある）です。関連語に capacity（キャパシティー、受け容れられるスペース）となるように「**仕事をやり遂げる力を備えている**」という意味になります。

一方で「**とりあえず仕事を円滑にこなせる**」というくらいの意味ですから、「断トツでできるやつだ」のように手放しで称賛しているわけではありません。「重要な戦力になっている」くらいの堅実なイメージのある表現なんですね。ということで capable は自称しても全く問題なく、ある仕事を任せてほしいときなどは率先してこの言葉を使ってアピールするのが良いと思います。

類似表現

I have no doubt she's highly capable.
彼女は確かに優秀だろう。［クリミナル・マインド　S3-13］

You have no idea what I'm capable of.
私の力を知らないな？［ワンス・アポン・ア・タイム　S1-2］

She's an asset to the team.
彼女はチームの財産よ。［SUITS/ スーツ　S8-2］

capable を強調するのによく使われるのが fully や highly です。highly のほうが少しきっちりした、硬い印象を与えます。

２つ目は、様々なドラマでよく聞かれる表現。be capable of -ing（〜することができる）を使い、「私がどこまでできるか、真の実力を知らないな？」という恐ろしい感じのセリフになっています。例えばラスボス的なキャラクターが「そこまでやる !?」という奥の手を出す伏線として、このフレーズがよく使われます。例えば She's capable of that. と言えば、「彼女ならそんなこともやりかねない」という、能力的なことだけではなくモラルに反することでもやるかもしれないという意味になるからです。

３つ目は、チームに貢献してくれる貴重な人材のことを asset（財産）と表現しています。

072

> 実力を証明するときのフレーズ

This is what
I need to prove myself.

これで実力を証明できる。

◆ 「LUCIFER/ ルシファー」 ▶
シーズン 5　第 13 話　より

Lucifer: Someone worthy.

Amenadiel: Who?

Lucifer: Me, of course! **This is exactly what I need to prove myself.**

Amenadiel: What?

Lucifer: You heard me, brother. I've just decided.

I'm going to be God.

・・・・・・・・・・・・・・・・・・・・・・・・・・・・・・

ルシファー：資格のある誰かが。
アナディエル（兄）：誰だよ？
ルシファー：もちろん、ぼくさ。これこそまさにぼくの価値を証明できる。
アナディエル（兄）：何？
ルシファー：聞こえただろ、兄さん。今決心したよ。ぼくが神になる。

解説 実力は未知数であることを表す unproven

prove は「事実であることを証明する」という意味の単語ですが、prove oneself（自分自身を証明する）とすると、「**自分の実力や価値を示す**」という意味になります。新しい会社やチームに入って実力を証明したいときに使える、日本語にはあまりない発想のフレーズです。例示したフレーズからは、自分の存在意義を懸けて頑張る意欲が伝わってきますね。

また、prove oneself（to be）something（自身が something であることを示す）という言い方も覚えておきたいところです。something には「ひとかどの人物」といった意味があります。something の代わりに a good lawyer（優秀な弁護士）のような名詞を入れることもできます。

類似表現

She's always tryna prove she's tough.
彼女はずっと自分の強さを示したがってるんだ。［ブルックリン・ナイン - ナイン　S1-1］

I will prove myself to you.
あなたに実力を見せてやるわ。［私はラブリーガル　S5-3］

You're unproven.
あなたはまだ実力未知数よ。［glee/ グリー］

1 つ目は prove（that）...「〜であると証明する」という基本的な用法です。

日本語にできない英語（または英語にできない日本語）というのは英語学習者にとって興味の尽きないテーマですが、その中でも特に良い例が unproven（まだ実力を証明していない状態）でしょう。確たる実績がなくて実力を計りかねることをこう言いますが、実力がないと断定しているわけではありません。「秘めたる力はあるかもしれないが、それが見える形で証明されてはいない」といったニュアンスでしょう。

自分が組織の新入りだったら、I guess I'm still unproven to you.（自分はここでは実力不明ですよね）などとこなれた英語で自虐することで、逆に英語力を prove することができるかもしれませんね。

073

独断専行で行動するときのフレーズ

It's easier to ask for forgiveness than permission.

許可を取るより後で許しを得るほうが簡単だ。

「SUITS/ スーツ」
シーズン4 第8話 より

Jessica: You should have discussed it with me first.

Harvey: Well, **it's easier to ask for forgiveness than permission.**

Jessica: Forgiveness? You just said you're not going to apologize for it.

・・・・・・・・・・・・・・・・・・・・・・・・・・・・・・・・・

ジェシカ：あなたはまず私に相談すべきだった。
ハーヴィー：許可を取るより後で許しを得るほうが簡単だからね。
ジェシカ：許しですって？　謝らないと言ったくせに。

解説　ドラマで使われ、一層定着した言い回し

　ビジネスに関する格言のようなものは様々な言語で様々な言い方があると思いますが、なかでもこれは特に大胆不敵な例でしょう。元々はグレース・ホッパー（1906 ～ 1992）というアメリカの軍人・プログラマーの女性が発した言葉とされています。

　ask for... は「～を求める、願う」という意味。このフレーズでは ask for forgiveness（やってしまったことについて謝罪すること）のほうが ask for permission（やっていいという許可を取り付けること）よりも簡単だ、つまり「許可を得るより、やってから謝るほうが早い」となります。自分が正しいと思ったこと、すぐに行動しないと時機を逸してしまうことなのでしょう。ビジネスの名言としてすでに確立されており、ドラマの中でも、「**後先考えずに行動しちゃえ！**」というように背中を押すために使われます。

　名作弁護士ドラマ「SUITS/ スーツ」の劇中で幾度か使われたことで一層有名になりました。特に印象的なのは、独断専行で上司の言うことなど気に掛けないキャラのハーヴィー・スペクターが言っている点でしょうか。

類似表現

It's easier to ask for forgiveness than permission.
やっちゃってから謝るほうが早いから。[HEROES ／ヒーローズ　S2-5]

He says forgiveness is easier to ask for than permission.
やってから謝るほうが早い、とか言うのよ。[グレート・ニュース　S1-5]

　1 つ目は独断で行動してしまって大丈夫か心配する仲間を落ち着かせるセリフから。

　言い方の問題ですが、it's ... から始めると、「～なものだ」といったようにカッチリした構文になるので、格言らしさが出る気がします。一方で forgiveness is... と始めると、より簡潔でカジュアルな印象になります。

074 ★ ★ ★ ★

上下関係を言い表すときのフレーズ

There's a chain of command.

命令系統には逆らえませんので。

「サバイバー：宿命の大統領」
シーズン 1　第 5 話より

Chernow: Well, there are no perfect missions, sir, but our confidence is very high.

Kirkman: As much as I'd like to believe you, Admiral, I would like to talk to the man who's gonna be in charge of the mission on the ground. Where is he?

Chernow: All due respect, sir, **there's a chain of command.** He comes to you.

Kirkman: I'm gonna ask these men to put their lives on the line. I'll go see him.

・・・・・・・・・・・・・・・・・・・・・・・・・・・

チェルノウ提督：完璧な作戦はありません。だが信頼性は高いかと。
カークマン大統領：提督、君を信じたいのはやまやまだが、私は現場で作戦を指揮する人物と話したいんだ。彼はどこにいる？
チェルノウ提督：大統領、お言葉ですが、命令系統には逆らえませんので（最高指揮官は大統領であるあなたなので）。彼に来させますよ。
カークマン大統領：私は彼らを命を懸ける作戦に出すんだ。私が彼に会いに行くよ。

解説 👆 上下関係に厳しい人物が言いがちなフレーズ!?

　軍隊出身者など上下関係に厳しいキャラクターがドラマでよく口にするのが、chain of command（命令の繋がり、鎖）という概念です。これは、人から人へと命令が滞りなく伝達される組織の働きのことで、これに従うことが第一とされています。上からの指示と現場の声との板挟みになってしまったりすると苦労するものですが、そんなときの言い訳としても覚えておきたい概念です。

　なお、左ページのスクリプトでは As much as I'd like to...（～したいのはやまやまだが……）という表現も覚えておきましょう。相手の立場や状況に最大限の理解を示しつつも、丁寧に反対意見を表明する大人ならではの気遣いフレーズです。また、大統領にそう言われてさらに反論する提督が切り出した With all due respect...（失礼ながら～）も、目上の上司に反論や進言する際のフレーズとして使えそうです。

類似表現

> **The complaint gets sent up the chain of command.**
> 苦情は上層部に報告されるわ。[ブルックリン・ナイン - ナイン　S8-1]
>
> **As a matter of fact, I outrank you.**
> 私いちおう上官なんですけど。[スペース・フォース　S1-5]
>
> **I'm not bossy, I'm your boss.**
> 「偉そう」って、私が上司なんだから。[インスティンクト―異常犯罪捜査―　S1-1]
>
> **Ruthie's older, so she thinks she's the boss.**
> ルーシーは年長だから偉いと思い込んでいるんだ。[モダン・ファミリー　S5-2]

　1つ目のフレーズから、苦情の申し立てが上に報告されることを send up the chain of command と表現できることがわかります（send up は「（情報を）上に伝える」）。

　2つ目のフレーズにある outrank とは、地位や重要性でほかに勝ること。3つ目の bossy とは、立場に関わらず偉そうな態度のことを指します。

075

侮るなよと言いたいときのフレーズ

I wasn't born yesterday.

舐めてもらっちゃ困る。

「SUITS/ スーツ」
シーズン 2 第 13 話 より

Katrina: No way. **I wasn't born yesterday.** I've got my files right here.

Louis: Okay. Katrina, I'm offering us both a way out here.

Katrina: You keep whatever's in those files the hell away from me.

Louis: Okay. You got me. I'm not to be trusted.

. . . .

カトリーナ：まさか。舐めないで。ファイルならここにあるわ。
ルイス：オーケー、カトリーナ。お互いのためになる話が提供できるんだが。
カトリーナ：そのファイルにあるのが何であれ私に近づけないで。
ルイス：オーケー。参ったよ。私は信用されていないんだな。

解説 🖐 **任せてくれと余裕を見せて仕事するときにも使える！**

直訳すれば「私はつい昨日生まれたばかりじゃない」、つまり赤ん坊ではないのだから舐めるなということになります。

例えば仕事のライバルにあからさまな罠を仕掛けられたり、簡単な仕事なのに仲間から必要以上に心配されたりすると、何だか見くびられたようで嫌な感じがしますね。物知らずだと思われたり経験不足だと思われたりすると「そんなことわかっているよ！」「それくらいできるよ！」と言いたくもなります。そんなときに、自分の憤慨を伝え、少し皮肉を込めてユーモラスに反論するためのフレーズです。

ドラマの中で聞かれる場合には、本当に実力を侮られて憤っている場合と、「任せてくれって」などと余裕を見せて仕事に挑むときの両方のパターンがあります。そこはキャラクターの表情や声色を見て判断したいところです。

類似表現

Do I look like I was born yesterday?
そんなこともわからないと思う？［SUITS/スーツ　S5-6］

I wasn't born yesterday. I can do the math.
舐めるな、そのくらいわかるさ。［キャッスル 〜ミステリー作家は事件がお好き　S3-21］

Yeah, I wasn't born yesterday, unlike you.
君のような若造とは違うんだ。［ユーリカ/EUREKA 〜地図にない街〜　S5-12］

あまりに舐めたことを言われたら、1つ目のフレーズのように問い返すのも一手です。

do the math というと計算をすることのようですが、転じて「損得勘定をすること」をも意味します。あまりナイーブだと思われると腹が立つものですが、そんなときはこのように反駁しましょう。

3つ目は、話し相手に向かって最後に unlike you（君と違ってな）と言うことで、生意気な後輩などにビシッと格の違いを見せつけることができる表現です。

076

気合を入れて仕事するときのフレーズ

Roll up our sleeves and get to it.

さぁ始めていくぞ。

「シングル・アゲイン」
シーズン1 第1話 より

Michael: We have so much to be gratetful for. And maybe a lot of it goes unexamined. Do we need to explore some of that? Absolutely. But that is why we're here, right? So let's do it. Let's focus. **Roll up our sleeves and get to it.**

Councelor: Our time is almost up. But I see many positives here. Two men looking for a way forward, prepared to do the sometimes painful hard work that it entails.

· ·

マイケル：我々はたくさんのことに感謝しないとね。他にもあるはずだ。そのことも話し合うべきではないかな？　その通り。それこそが我々がここに来た理由さ。さぁやろう。集中しよう。さぁ始めていくぞ。

カウンセラー：もう時間切れだよ。しかし、前向きな状況だ。2人の男性が行き先を探し、時には痛みを伴う作業に取り組もうと準備している。

解説 一致団結して仕事にかかる際にも使える！

roll up とは文字通り巻き上げる動作のイメージで、ここでは sleeves（服の袖）をまくり上げる動作を指します。仕事の現場で、大事な仕事にとりかかるときや気を引き締めるときに使われる表現です。確かに大仕事を前に気合を入れるときは袖をまくるイメージがありますね。細かいことですが片方だけ袖をまくると変ですから、sleeves と複数形になっています。

腕まくりの表現と同時に後半の get to it（仕事などにとりかかろう）も覚えておきたいところです。左ページのシーンでは主人公のマイケルが1人で空回りしていますが、この表現はみんなで頑張ろうと気合を入れる状況でも使えます。チームで働くときにはぜひ覚えておきたいフレーズです。

類似表現

Let's roll up our sleeves and get on with it.
腕まくりをして仕事にかかりましょう。［セルフリッジ 英国百貨店　S1-6］

I had no choice but to roll up my sleeves and tell her.
心を決めて彼女に白状するしかなかった。［モダン・ファミリー　S2-3］

I got some tricks up my sleeve.
まだ奥の手があるんだから。［glee/ グリー　S3-14］

get to it に似た表現に get on with it があります。仕事などにとりかかるという意味は共通しています。

2つ目のフレーズは、登場人物が自分のミスを白状しようと決めたシーンから。ここでは roll up my sleeves が決心する、覚悟をするという意味で使われています。I have no choice but to...（〜するしかなかった）という表現も覚えておきたいところです。

sleeves（袖）を使った表現に trick up my sleeve があります。trick up my sleeve というのは袖の中に手品のタネを仕込んでいることで、まだ秘策、切り札を残しているということです。まくってみたりその中に何かを隠してみたりと、袖は便利に使われるようですね。

077

堅実だと評するときのフレーズ

He is a solid man.

彼は堅実な男だよ。

「クリミナル・マインド」
シーズン9　第22話　より

Alex: According to Mr. Ruiz, Carlos had no drug or alcohol issues. **He was a solid**, hard-working family man.

Derek: Well, that puts a dent in our theory of an unsub punishing people for their indiscretions.

Hotchner: Unless Carlos had a vice we don't know about.

・・・・・・・・・・・・・・・・・・・・・・・・・・・

アレックス：ルイズ氏によると、カルロスは麻薬もお酒もやらない。彼は堅実で、働き者で家族想いの人物だった。

デレク：じゃあ、そうすると抑制なしに人々の無分別に罰を与えているという我々の理論にケチをつけることになるな。

ホッチ：カルロスが我々が知らない悪行をしていなかったならな。

解説 🖐 solid は堅実・着実・地道なイメージ！

　solid は第三者の人物像や仕事ぶりを言い表すときに便利に使えるフレーズです。solid は固体というのが基本的なイメージなので、捉え所なく流れる液体と違って、しっかりしていて頼りがいがあることの比喩となるんですね。日本語でも「身持ちが固い」と言うこともありますが、特に面白みがあるわけではないが、ちゃんとした人であるといった印象を与える言葉です。

　こと仕事に関しては、気まぐれに成果をあげるよりも堅実に結果を出し続けるのがプロというものかもしれません。そんないぶし銀の仕事人のことをsolid（堅実）で形容することができます。別に派手で目立つわけではないけれど、着実に大事な仕事をこなしてくれて、頼れる感じがします。また「成果を急ぎ過ぎずに良い仕事を着実に積み重ねていること」をホメるときにもsolid はよく使われます。

類似表現

> ### We'll solve this case without you, the right way, with good, solid detective work.
> 私たちだけで事件解決してみせるわ。正統派の堅実な捜査でね。[メンタリスト　S3-1]
>
> ### That deal is solid as a rock.
> あの契約は間違いない。[SUITS/スーツ　S6-9]

　探偵ものドラマによくある構図として、「専門外だけれど天才的な勘を持つ主人公の探偵と、それを時に苦々しく思いつつも協力する刑事」というテンプレートがあります。1 つ目のフレーズもそうした刑事のセリフで、思い付きで事件を解決する主人公に反発して「警察は警察の solid なやり方で捜査するから」と言っているのです。solid には堅実・着実・地道といった意味合いがあることがよくわかる例です。

　2 つ目は solid の形容として rock「岩」のように堅い、と強調している例です。ここでは deal（取引、契約）が solid と言っているので、しっかりした、中身のある取引ができるという意味になります。

078

信頼できると評するときのフレーズ

He is a man of his word.

彼は約束を守る人よ。

「SUITS/ スーツ」
シーズン6 第4話 より

Cahill: Mike's problem. Not mine.

Donna: No, that's Harvey's problem. He promised Mike he wouldn't tell her, and **Harvey's a man of his word.**

Cahill: If he were a man of his word, he would be here right now.

・・・・・・・・・・・・・・・・・・・・・・・・・・・・・

ケイヒル：マイクの問題だ。私のじゃない。
ドナ：違うわ、ハーヴィーの問題よ。ハーヴィーはマイクに彼女には話さないって約束したの。ハーヴィーは約束を守る人よ。
ケイヒル：彼が約束を守る男だというなら、今すぐここに来るべきだ。

アメリカのバイデン大統領の演説をご覧になったことはあるでしょうか。前任のトランプ氏ほど印象的で力強いフレーズがあまり出てこないのですが、筆者が唯一よく覚えているのは、自分の公約を述べたあとに **I'm a man of my word.**（私は必ず約束を守ります）と言っていたことです。

　まさに政治家が自分の信念や公約について語るときは、絶対に裏切らずに約束を守り通す人柄であってほしいものです。そんな人のことを a man of his word と言うことができます。ここでの word はその人の言ったこと、約束したこと。「私のことを信じてほしい」あるいは「彼は必ずやり通す人です」などと信用させたい場合に、力強く言い切りたいフレーズです。

　男性の場合は He is a man of his word. ですが、女性について言う場合はもちろん a woman of her word となります。

類似表現

You have my word on that.
約束するよ。[ハウス・オブ・カード 野望の階段　S2-13]

I'll take your word for it.
わかった、信じるよ。[シャーロック　S1-2]

　基本となるのはこの 1 つ目のフレーズ、You have my word. です。これは相手に何かを確約するとき、自分の約束や決意を信頼してほしいと訴えるときに大変よく使われます。

　相手の word（約束、言質）を受けてそれを信じるよ、と言いたい場合に使えるのが 2 つ目の表現です。take your word for it というのは相手の言うことをそのまま受け止める、鵜呑みにするということです。例えば部下から報告を受けた際、わざわざ自分がダブルチェックすることはせずに報告を信じる、といったシチュエーションで使うことができます。

079

報告を求めるときのフレーズ

Give me an update and give it to me in plain English.

報告を。率直に頼むわ。

「SUITS/ スーツ」
シーズン6　第1話　より

Jessica: All right, **give me an update and give it to me in plain English.**

Benjamin: I was able to shut the hack down, but not before they got all three of your clients' files.

· ·

ジェシカ：わかった。報告してちょうだい。率直な言葉でね。
ベンジャミン：ハッキングを閉め出すことはできましたが、あなたの3つ全ての顧客ファイルをやつらが手に入れた後でした。

解説 イロイロな報告に関する表現を押さえよう！

報告・連絡・相談は仕事の基本だとよく言われますから、英語でもぜひ色々な言い方を覚えておきたいところです。ここでは法律事務所のボスが部下に報告を求めるときのフレーズを参照しましょう。

Give me an update とは私に情報のアップデートをください、つまり状況を報告しなさいという基本的な言い回しになります。

plain English は平易で簡潔な英語で、ということですが、ここでの真意は「小難しい言い回しで煙に巻こうとしないで、正直に簡潔に報告しなさい」ということでしょう。むしろ部下からしたら怖い状況でもありそうです。

類似表現

Keep me posted. / Keep me informed.
報告お願いね。［ハウス・オブ・カード 野望の階段　S1-1］

I gotta go, I'll keep you updated.
じゃあ行きます、また報告しますね。［インスティンクト—異常犯罪捜査—　S1-9］

Please keep me in the loop.
連絡を絶やさないでくださいね。［LUCIFER／ルシファー　S3-14］

1つ目は上司が部下に「報告頼むね」と言うときの表現。post は「最新の情報を知らせる」という意味です。

2つ目は刑事ドラマにて、ミーティングが終わり仕事にかかる前に上司にあいさつするシーンから。上司に「引き続き報告しますね」などと言いたいときに適した表現であることがわかります。こちらは keep me posted よりも少し硬い表現と考えることができます。

連絡をくださいという言い方の中でも、丁度いい距離感で便利に使えるのが3つ目のフレーズです。loop は「輪」のことで、自分も情報の輪の中に入れてくれということになります。しかし、完全にチームの一員ではない場合、メールでいえば bcc で送られるくらいの距離感で「一応」情報共有をお願いします、というような状況で使うのに適しています。併せて I'll keep in touch.（また連絡しますね）も覚えておきましょう。

080

一致団結するときのフレーズ

This is an all-hands-on-deck situation.

これは一致団結すべき状況だ。

「ブルックリン・ナイン-ナイン」
シーズン8 第6話 より

Jake: This is an all-hands-on-deck situation. I could be a good resource. Here, watch this. What's up, Officer Marzipan?

Officer Marzipan: Oh, hey.

Jake: You're gonna want that kind of shorthand with Marzipan if you want to catch this guy.

Police Chief: We don't need all hands on deck.

- -

ジェイク：これは総力戦だ。俺は役に立つ。見ていてくれ。やぁマーツィパン。
マーツィパン：あぁ。
ジェイク：犯人を捕まえるには、マーツィパンにしたような短いあいさつが必要になるでしょうからね。
警察官：一致団結する必要はないよ。

解説 👆 一致団結して総力戦を宣言する際に使える！

　法廷ドラマやビジネスドラマを観ていると、とんでもない強敵が現れて事務所の全員が協力する展開があったりします。普段はいがみ合うこともある登場人物たちが呉越同舟で一時的に団結するアベンジャーズ的展開は胸をアツくするものです。

　そんな「**全員集合**」なシチュエーションにぴったりなのがこのフレーズです。もともとは船上で使われた表現らしく、all hands（全ての人手）をdeck（甲板）に集合させて、全員で仕事をするぞ！ という号令だったとか。これが転じて、大仕事にあたるために全員を投入することを言うようになりました。同じ船に乗っている、あるいは同じ組織に属している人々が団結して働くさまが思い浮かぶ、面白いフレーズです。

類似表現

> ## We need all hands on deck right here.
> 今はとにかく人手が欲しい。[サバイバー: 宿命の大統領　S1-3]
>
> ## It's all-hands-on-deck, Doug.
> ダグ、これは総力戦だ。[ハウス・オブ・カード 野望の階段　S4-12]
>
> ## Welcome aboard!
> ようこそ！[glee/ グリー　S3-4]

　船に由来するビジネス英語でもう1つ押さえておきたいのが welcome aboard です。組織を船に例えることは確認してきましたが、それがよくわかるのがこの例。これはもともと乗船する人を歓迎するという意味であるため、新しくチームや会社に入ってきた人に、もとからいた人がこう言うことで歓迎する意味を伝えることができます。一言 Welcome! とだけ言うのもいいですが、チームにようこそ！ という感じが出るのは Welcome aboard! なのです。

081

休息や帰宅を促すときのフレーズ

Take the day.

もう帰っていい。

「SUITS/ スーツ」
シーズン5 第12話 より

Jessica: Which is exactly why I wanted Harvey to take two weeks. To let you calm down. Because I knew you'd change your mind. Now, if you'll excuse me, I have a vote to prepare for.

Louis: Whoa. Whoa. Wait. What if I flip my vote?

Jessica: Flip whatever the hell you want, Louis. But you started this ball rolling. And now, we all have to live with the consequences.

· ·

ジェシカ：まさにこれが理由よ、私がハーヴィーに2週間の休みを取ってもらいたかったのは。あなたたちに頭を冷やしてもらうためにね。なぜなら私にはあなたが心変わりするのがわかってたから。さぁ悪いけど失礼するわ、投票の準備があるからね。
ルイス：ま、待ってください。もし私が反対票を入れたら？
ジェシカ：反対票でも何でも好きにすれば？　でも、あなたがこの件を始めたのよ。だから、結果を受け入れて。

解説 ✍ 「休みなさい」「休みます！」を英語で言うには？

Take the day. は直訳すると「その日を持って行け」などとなりそうですが、これは「今日はもう帰っていい」ということ。つまり職場や学校で休みを取るときに使える、上司に言ってほしいことナンバーワンのフレーズです。

類似表現

You're taking two weeks, starting tomorrow.
2 週間謹慎よ、明日からね。[SUITS/スーツ　S5-8]

I want the day off.
今日はもう上がります。[ブルックリン・ナイン - ナイン　S7-4]

It's your day off. / It's your day off!
休日だろ。／君もだろう！[SHERLOCK（シャーロック）　S3-2]

休みは長ければ長いほどいいということで、1 番目は 2 週間休めるパターン。ただし、勝手な真似をした部下を謹慎にさせる上司のセリフでしたので「謹慎」に近い感じでした。特に「もう決まったこと」というニュアンスの You're taking には、有無を言わさない感じがあります。starting tomorrow（明日から）というのは予定を立てるときに汎用性の高そうな表現です。

逆に 2 番目の文のように自分から、I want the day off. などと宣言できたら気持ちよさそうですね。

082 ★ ★ ★

> 仕事を引き継ぐときのフレーズ

I don't wanna step on your toes.

あなたの機嫌を損ねたくありません。

「エミリー、パリへ行く」
シーズン 1 　第 1 話 　より

Boss: I want you to pitch it.

Emily: Seriously?

Boss: Seriously. The client has to start getting comfortable with you.

Emily: I don't wanna step on your toes.

Boss: You're not. You're stepping into my shoes. You're ready, okay? This is an opportunity for both of us.

. . . .

上司：私はあなたに務めてもらいたい。
エミリー：本当に？
上司：本当よ。顧客もあなたに慣れ始めないといけないし。
エミリー：出過ぎた真似かと思いましたが。
上司：全然よ。あなたは私の後を継ぐんだから。準備はできてる？　これは私たち両方にとってもいいチャンスよ。

解説　関連表現をまとめて覚えてしまおう！

　左ページのシーンではビジネス現場で便利な、step on one's toes（余計なことをして〜を怒らせる）と step into one's shoes（〜の後を継ぐ）が出てきます。部下が使った表現から、足先に関連する shoes という表現を連想してフォローする上司の切り返しが光ります。

　step on one's toes は、ひとのつま先を踏んでしまったときのように、不用意に誰かの機嫌を損ねてしまうことです。特に円滑な人間関係が重要なビジネス現場では、知っておいて損はない表現でしょう。

　step into one's shoes は fill one's shoes とも言い、仕事や立場を靴に例えて、その後任を務めることです。例えば前任者がすごい人で恐縮してしまう場合には、They are big shoes to fill.（私にできますかね？）などと謙遜することもできます。

類似表現

We didn't want to step on anyone's toes.
誰かの機嫌を損ねたくはなかったからね。[ビッグバン★セオリー　S11-8]

He can't walk in my actual shoes.
彼は実際に俺の身になって考えてないんだ。[ビッグバン★セオリー　S7-8]

Ooh. I wouldn't want to be in your shoes.
あぁ。心中お察しします。[スペース・フォース　S1-10]

　1つ目は、自分の言動で角を立てたくないと気遣うときのフレーズ。特定の人に言及するよりも、こちらのぼかした言い方のほうが波風が立たないかもしれません。

　役職、立場、状況を靴に例える表現では2つ目のフレーズもよく使われます。put yourself in my shoes とも言い、相手の靴で歩いてみることから転じて、「相手の立場になって考えてみる」という意味で使っています。

　3つ目は、重い責任を問われている上司に腹心の部下が言ったセリフ。「私ならあなたの状況に陥りたくはないものです」という意味なので、よく考えると少し煽っているような感じもしますね。

083

根回しするときのフレーズ

I didn't go behind your back, I went over your head.

裏切りじゃない、根回ししておいたんだ。

「SUITS/ スーツ」
シーズン 5　第 4 話　より

Mike: You went behind my back.

Robert: I didn't go behind your back, I went over your head.

Mike: What the hell are you talking about?

Robert: You know what the hell I'm talking about. I went to your boss' boss. And you know what? She and I see things the same way. And as far as I'm concerned, this case is settled.

・・・・・・・・・・・・・・・・・・・・・・・・・・・・・・・・・・

マイク：ぼくを裏切ったんだ。
ロバート：君を裏切ってなんかいない。君をとばしたんだ（根回ししたんだ）。
マイク：何を言っている？
ロバート：わかるだろ。君のボスのボスに話はつけた。あのな、彼女と私は事態を同じように見ている。私に言わせれば、この件は終了だ。

解説 「裏切る」「根回しをする」「秘密裏に進める」は英語で？

　ビジネスにおいて知っておきたい表現、go behind one's back（人を裏切る、勝手に別のことをする）と go over one's head（頭越しにやる）を一度に覚えられる便利なフレーズです。さらに go over one's head は、to も補足して「〜の頭越しに〜に直接話す」と言うこともできます。I went over his head to the president.（私は彼をとばして社長に直接話した）。

　出典としたドラマのシーンでは、2人で進めていた仕事の方針に片方が不満を抱き、勝手に上司に掛け合って方針を変えてしまうシーンでした。

　なお、左ページのシーンからは As far as I'm concerned...（私としては、私に言わせれば）、this case is settled.（この件は終了だ）などの表現も押さえておきましょう。

類似表現

I know you're mad at me for going behind your back.
あなたを裏切ったことで怒るのはわかるけど……。[SUITS/スーツ　S6-15]

You can go over his head.
根回しをお願いね。[SUITS/スーツ　S6-8]

You work it out behind closed doors.
秘密裏に進めておけ。[SUITS/スーツ　S5-4]

　2つ目のフレーズにある、behind closed doors とは、閉じたドアの向こうでこっそり仕事をするように、バレずに根回しをして仕事を進めておくことを意味します。

084

任せてほしいと言うときのフレーズ

Give me some credit.

信じてください。

「モダン・ファミリー」
シーズン5 第22話 より

Jay: I didn't choose to be uncomfortable. I was born this way.

Mitchell: Are you really throwing a gay anthem in our face right now?

Jay: **Give me some credit.** You know how far I've come. I mean, what more do you want from me?

ジェイ（父）：自分が不快になることを選ばなかった。私は生まれつきこういう人間だ。

ミッチェル：今、私たちの前でゲイの主張を投げかけているの？

ジェイ（父）：信用してくれよ。私が（ゲイの息子を）受け入れるのにどれだけ譲歩したかわかっているはずだ。これ以上私から何を望む？

解説 🖐 信用を意味する credit を覚えておこう！

　仕事においても日常でも、実績や実力がきちんと認められると嬉しいものです。もし過少に評価されているような気がしたら、「自分の実力を見くびらないでください」、「私にもできるよ！」と主張しなくてはなりませんね。

　そんなときは、クレジットカードなどで身近な credit（信用、評価）を使ったこちらの表現を使うことができます。この単語は根拠があって信用する、正当に評価するという意味合いがあるため、それを認めてくれない相手に少し憤慨したような調子で言われることが多いです。

類似表現

Hey, give me a little credit.
ちょっとは信用してよね。［モダン・ファミリー　S9-4］

Come on, give him some more credit.
ちょっと、もう少し彼を信用してやりなよ。［コミ・カレ!!　S4-13］

　a little（少し）や some more（もう少し多くの）といった表現を挟むことで、仕事や様々な判断において「完全に任せることはできなくても、少しは信じて」という感じを出すことができます。ドラマの中では、職場においては部下が上司に案件を任せてほしいとき、家庭などでは子供が厳しい親に外出の許可を求めるときなどに多く使われていました。

085

意見の違いを受け入れるときのフレーズ

Agree to disagree.

見解の相違ね。

「スペース・フォース」
シーズン2　第1話　より

Naird: Honey, we talked about this. I had to take you back to prison because you can't just escape from prison. You did the crime. You have to do the time.

Maggie: Well, **agree to disagree.**

· ·

ネアード：妻よ、言っただろう。私が君を刑務所に戻さないといけなかったのは、刑務所からは脱走できないからだ。君は犯罪を犯したんだ。罪は償わないと。
マギー（妻）：まぁ、見解の相違ね。

解説 不毛な議論を収める際にも使える！

　アメリカ人の議論好きを揶揄するときにやり玉に上げられがちなのが、このフレーズではないでしょうか。解説するまでもなく、いかにも英語らしい発想として有名ですが、意見が食い違ったことは認めよう、立場の違いを確認しよう、ということですね。

　意訳すれば「**これ以上は不毛ね**」と、エスカレートしかねない議論を収める言い方だとも考えられます。つまり、意見が食い違って落とし所が見つからないときに、「お互いの意見の違いだけはわかったね」と矛を収める必要があるわけです。

　また発音の上では、話者によっては disagree の dis の部分を強調することがあります。やはり agree と disagree は似ている、というか文法上の親戚とも言える単語ですので、違いを際立たせたいのかもしれません。

類似表現

Let's agree to disagree.
意見の違いってことでまとめよう。[コミ・カレ!!　S6-9]

Actually, we kind of agreed to disagree on that one.
それについては別々の意見を持ってるんだ。[ビッグバン★セオリー　S5-20]

That we can agree on.
それは確かに。[ロイヤル・ペインズ—救命医ハンク—　S1-6]

　何について意見が違うかを明らかにしたい場合は、2つ目のようにon... で議題を付け加えることができます。

　逆にここについては意見が合う、という共通するポイントが見つかったら3つ目、That we can agree on. のように表現することもできます。少しでも賛成できる箇所を増やして建設的な議論をしていきたいですね。

086

単独行動するときのフレーズ

How was flying solo?

1人で大丈夫だった？

「ママと恋に落ちるまで」
シーズン6 第3話 より

Lily: Give me your phone. We're deleting Don's number.

Robin: Don't worry. I am never doing that again. It was a one-time thing.

Lily: Prove it. Delete contact.

Robin: There. Deleted.

Marshall: Back already. **How was flying solo?**

- -

リリー：電話を貸して。ドンの番号を削除するから。
ロビン：心配しないで。あんなことは二度としないから。あれは一度だけ。
リリー：証明して。連絡先を消去して。
ロビン：はい。消去したわ。
マーシャル：（バーニーが）もう戻ってきた。1人で大丈夫だった？

解説 👉 部下に仕事を一任したいときにも使える！

　新しく仕事を始めるときは不安なものですが、教育役として先輩がついてくれたりすれば少し安心です。それでもいずれは仕事を覚えて、1人でいろいろ任せてもらえるようにもなっていきますね。

　そうした**1人で頑張ること**を、飛行機で単独飛行することに例えて fly solo と言うことができます。初めて大仕事を丸ごと任されたりしたら、気分はまるで飛行機のリンドバーグ。このフレーズを口に出して自分を鼓舞してみましょう。

　またこのフレーズは、ビジネスに限らずず単独で何かをすること、それこそ1人で旅行するときにも使えます。「1人で」と英語で言う場合は alone や on my own などいくつかの言い方がありますが、fly solo はそれらとは一線を画して格好よく、「1人でやり遂げる」という一種の覚悟を感じさせるすてきな表現です。

類似表現

> ### I'm flying to Branson solo.
> ブランソンにはぼく1人で行くよ。[モダン・ファミリー　S10-11]
>
> ### You're gonna be flying a solo mission.
> 1人で頑張ってもらうことになるわ。[グッド・プレイス　S2-8]
>
> ### You mind handling this solo?
> 君1人に任せてもいいか？ [ロイヤル・ペインズ—救命医ハンク—　S1-4]

　3つ目は、自分が忙しくなり、同僚に仕事を一任するときのセリフから。(Do) You mind ...ing?（〜してもらっていい？）という表現と組み合わせることで、相手に1人で頑張ってもらうときに使える表現に仕上がっています。

087

一層の努力をするときのフレーズ

I go the extra mile.

一層頑張るよ。

「シングル・アゲイン」
シーズン1　第2話　より

Tyler: I'm sorry Colin left you, but the only thing going on between us is that I found an apartment for him.

Michael: Wh... And you expect me to believe that? Suzanne saw you with him in his apartment on the High Line, dude.

Tyler: I helped him move a few things in. I provide that level of service to all of my clients. **It's called going the extra mile.**

Michael: I...

Tyler: But I am not having an affair with Colin.

・・・

タイラー：コリンと別れたのは残念だよ、でもぼくは彼のためにアパートを見つけてあげただけだよ。

マイケル：それを信じるとでも？　君と彼がハイライン公園のアパートにいるのをスザンヌが目撃しているんだぞ。

タイラー：引越しの手伝いだ。どの顧客にも行っている。期待以上のサービスをね。

マイケル：ぼくは……。

タイラー：でも、ぼくはコリンと浮気していないよ。

解説 🖎 期待以上にやってやるとアピールする際にも使える！

腕利きの不動産エージェント、タイラーが自分の仕事の美学を語るシーンからの抜粋です。親身で親切なサービスを全ての顧客に提供しているのですが、「ぼくはそういう努力は惜しまないんだ」と言ってのけるキャラクターです。

go the extra mile は聖書の故事から発展した表現のようで、「**特に必要はないが一層努力する**」という意味です。イメージとしては、通常期待されているところよりも一歩先を行く努力、手間を惜しまないという感じでしょうか。自分の仕事やサービスに個人的なこだわりがある場合は、ぜひその extra mile をアピールしましょう。

類似表現

I go the extra mile.
一層頑張るよ。[ブレイキング・バッド　S5-1]

You went above and beyond.
予想もしないことをやってくれたな。[サバイバー：宿命の大統領　S1-6]

We all have to go above and beyond the call of duty until we are established.
軌道に乗るまでは期待以上に頑張らなくちゃ。[ギルモア・ガールズ　S5-2]

go the extra mile に似た表現に go above and beyond があります。above（上に）と beyond（超えて）が組み合わさっているため、「期待を上回る努力をする、結果を出す」という意味になります。

3つ目のフレーズは、新しくビジネスを興した主人公が、最初のうちは特に頑張ろうと決意するシーンからの引用です。ここでの call of duty は「義務、仕事」といった解釈で良いでしょう。つまり go above and beyond the call of duty とは、「職責の範囲を超えた努力をする」という意味になります。

088

上司が部下を叱るときのフレーズ

You're already on thin ice.

あなたは既に薄水の上に立っている。

「ウェンズデー」
シーズン1 第3話 より

Larissa: That was a disaster. The mayor is furious! I've lost count of the angry phone calls, emails... And people in the town, alumni and parents... they want answers and so do I.

Wednesday: I would lead the inquisition, but I left my thumbscrews and rack at home.

Larissa: Miss Addams... **you're already on thin**

. . . .

ラリッサ校長：大惨事よ。市長は大激怒！　町民、卒業生、保護者からは怒りの電話とメールが殺到したわ。彼らは釈明を求めている、私もね！
ウェンズデー：厳しい尋問に応じたいけど、ツマミネジと拷問台は家に置いて来ちゃったから。
ラリッサ校長：アダムスさん、あなたは既に薄氷の上に立っているのよ。今にも割れそうね。

解説 ✍ マズい立場に立たされ、ピンチの際に使える！

組織の中で頑張っていると、時には敵を作ってしまったり、危うい立場になってしまうこともあることでしょう。少しでも無謀な動きをしたらすぐに落下してしまう、それはまさに**薄氷**……！

英語でも同様に、thin（薄い）ice（氷）の上に立っているという表現をすることができます。左ページのシチュエーションは、保護者からの苦情が殺到した校長が主人公のウェンズデーに怒りをぶつけるシーンでした。薄氷を踏むような危うい立場ということがよく伝わりますね。ここでは wafer-thin（ウェハース並みに超薄い）という表現を加えることで、さらに切迫感を煽っています。

類似表現

Thin ice Captain. Thin ice.
気をつけろ大尉、気をつけるんだ。［スペース・フォース　S1-1］

Thin ice, General. Thin ice.
危険な反抗ですよ、大将。とてもね。［スペース・フォース　S1-10］

I'm on thin ice at NERP.
NERP でまずい立場になっちゃった。［モダン・ファミリー］

仕事に関するフレーズといえば、特に上下関係に厳しいイメージがあるのは軍隊ではないでしょうか。1 つ目のフレーズで取り上げたシーンでも、少し上官に軽口を叩くと Thin ice.（立場を危うくしたいのか？　気をつけろ）とたしなめられてしまうのでした。2 つ目のように、シーズン 1 の最終話でも、上官に公然と反抗するネアード将軍に対して同じ言い回しが使われていました。

3 つ目は、自分の勤めるとある会社（ナープと劇中では発音していました）でミスをし、居心地が最悪になってしまったことを家族に愚痴るキャラクターのセリフです。「これ以上下手をうったらクビになるかもしれない」というような危機感が伝わってきます。

089 ★ ☆ ★ ★

妥協点を探るときのフレーズ

Can you meet me halfway?

歩み寄ろうじゃないか。

「ハウス・オブ・カード 野望の階段」
シーズン1　第10話　より

Walker: Sancorp can commit to building new refineries in Philly?

Frank: Sancorp will commit to discussing it with you.

Walker: I need more than that.

Frank: Look, you asked me to fix a problem. I've come to you in less than 24 hours with a solution. **Can you meet me halfway?**

Walker: What would be the first step?

. . . .

ウォーカー：サンコープ社はフィラデルフィアに精製所を建てると約束したのか？
フランク：サンコープ社はそれについて話し合いに応じると。
ウォーカー：私に必要なのはそれ以上だ。
フランク：あなたが問題に対処しろと言うから、24時間未満で解決したんだ。歩み寄ろうじゃないか。
ウォーカー：まず何を？

解説 👆 高度な心理戦や交渉術を使うシーンに出てくる！

　政治やビジネスの世界を描いたドラマでよく聞かれるのがこのフレーズ。海千山千の老獪な政治家同士などの会議の場面では、高度な心理戦や交渉術が展開されます。議論がかなり煮詰まってお互い結果が欲しいころに、この主人公は少し譲歩する姿勢を見せ、相手からも良い条件を引き出そうとします。この落としどころ、**妥協点を探り当てるために使える**のがこちらの表現です。

　例えば、意見が違う人同士の議論は心の距離が離れた状態で始まります。しかしどこかで折り合いをつけ、お互いが半分ずつ歩み寄ることができると握手ができる距離まで近づくことができるわけですね。それが halfway（半分の地点）で meet（会う）というシンプルな言い方で表現されています。

　意見や立場が自分と異なる人との議論でこそ輝くこのフレーズは、お互いに譲歩しようと提案する、とても大人らしいカッコよさがあると思います。

類似表現

Okay, let's meet halfway.
じゃあ妥協しましょう。[ビッグバン★セオリー　S6-20]

Okay. Let's compromise.
じゃあ妥協しましょう。[glee/ グリー　S1-2]

One-time deal. I want 25. Take it or leave it.
1 度だけ。2 万 5000 ドルでやる。嫌ならやめても。[SUITS/ スーツ　S1-1]

　意見が対立したときに素早く妥協案を出せること、あるいは妥協しようと提案できるのは大事なことかもしれません。compromise（妥協する）を使っている 2 番目の文が、一番簡潔にそれを言い出すことができるフレーズです。

　3 番目の Take it or leave it. は「どうするか決めてくれ」「嫌ならやめても」という意味になり、二択を迫り、決断を促すときに使われる交渉フレーズです。

090

腹を割って話すときのフレーズ

Cards on the table.

正直に言うよ。

「モダン・ファミリー」
シーズン3 第18話 より

Cameron: So, You hate my clown side.

Mitchell: No. No. No. I don't hate it.

Cameron: Just admit it. I basically already know you do.

Mitchell: Okay. Okay. **Cards on the table.** It's not my favorite thing that you...

Cameron: Oh, how dare you?

・・・・・・・・・・・・・・・・・・・・・・

キャメロン：君はぼくがピエロをやるのが気に入らないんだな。
ミッチェル：いや、嫌ってなんかいないさ。
キャメロン：認めろよ。基本的にぼくには君がやることはわかるんだから。
ミッチェル：オッケー。正直に言うよ。ピエロは好きじゃないけど……。
キャメロン：よくも言ったな。

解説 ✍ 建設的な議論をするための交渉フレーズにも使える！

　ビジネスや政治における交渉術や心理戦は、「ポーカーフェイス」などしばしばトランプに例えられます。カードゲームやチェスに例えるだけでなんだかおしゃれに聞こえるので、ぜひ交渉の際の技術として覚えておきたいところです。

　lay/put one's cards on the table は「〜の手札をテーブルに置く」、つまり「手の内を全て明かして本音で語る」ということを意味します。

　左ページの例のように lay/put one's の部分を省略して簡潔に言うと、「今から正直に全て打ち明けるよ」という合図になります。政治ドラマなどにおいて、ブラフ（はったり）などを一度捨てて、**建設的な議論をしようというシーン**でもよく使われます。もちろんこの態度自体がブラフだったりするので、政治ドラマは難しいのですが……。

類似表現

She's holding her cards very close to the chest.
彼女は何かを隠している。[ハウス・オブ・カード 野望の階段　S1-11]

The donation is back on the table.
寄付のことは再検討しよう。[ハウス・オブ・カード 野望の階段　S1-4]

　hold one's cards close to the chest（胸の近くで手札を持つ）とは、文字通り手の内を明かさないように気を配るということです。情報漏洩に対してガードが固いことの例えとしてよく使われます。

　また、A is on the table.（A を検討しよう、選択肢だ）もぜひ覚えておきたい交渉フレーズです。会議においてテーブルの上にオファーの書類を置くことは、それを選択肢として考えることを意味します。そこから It's on the table.（選択肢として考慮する）という表現が交渉術としてよく聞かれます。

091

忙しいときのフレーズ

I've got a ton of work.

仕事が大量でね。

「ブルックリン・ナイン-ナイン」
シーズン4 第5話 より

Holt: Now let's pick teams.

Terry: **I've got a ton of work.** You can just leave me out this year.

Jake: Interesting. Interesting.

Amy: Oh, terry, terry, terry.

Terry: What?

Holt: How naive do you think we are? You're "not participating" so you can sneak under our noses and steal a victory, like Santiago did last year.

· ·

ホルト署長：チーム分けをしよう。
テリー：仕事が大量でね。今年は俺を除外してくれ。
ジェイク：なるほどね。
エイミー（・サンティアゴ）：ねぇ、テリー……。
テリー：何だよ。
ホルト署長：私たちのことをどれだけ世間知らずだと思っているんだ？ 君は参加していない振りをして平然と忍び込み、勝利をかすめ取る気だな。去年サンティアゴがやったみたいに。

★ ★ ★ ★

解説 👆 イロイロな「多忙」を表すフレーズを知っておこう！

　日本人のステレオタイプといえばワーカホリックですが、実際にもつい「忙しい」と口にしがちです。そんなとき busy だけでは語彙力に乏しいですから、色々な忙しさを表現するフレーズを確認しましょう。左ページで取り上げたのは a ton of work という表現。直訳は「1 トンもの仕事」となるように、とにかく大量の仕事があるという意味です。a lot of work（たくさんの仕事）などと言うよりも圧倒的な量の仕事があることが想像されるので、面白い言い方ですよね。

類似表現

I have a mountain of work.
山のように仕事が溜まってるの。[SUITS/ スーツ　S5-1]

Clearly, you're swamped.
完全に仕事で限界じゃないか。[ロイヤル・ペインズ─救命医ハンク─　S1-1]

I can't talk right now. I got a lot on my plate.
今話せない。やることがいっぱいある。[ママと恋に落ちるまで　S8-21]

Goodwin's on my plate. Not yours.
グッドウィンは私側だ。君じゃなくてね。[ハウス・オブ・カード 野望の階段　S2-3]

　1 つ目は、a ton と同様に大量に仕事があることを例えて a mountain of（山のよう）という表現です。また、swamp（水没する、沼）を使うと、仕事に忙殺されていっぱいいっぱいだという意味になります。

　on my plate は、my plate（自分のお皿）に大量の料理がのっていて口に詰め込まなくてはいけない、というフードファイターのような表現ですが、忙しさの比喩としてごく一般的に使われます。

　3 つ目の例は忙しいところに掛かってきた電話を切るシーンから、4 つ目は面倒なキャラクターを抹殺する相談のシーンからでした。「お皿の上にのっているものは厄介で片付けなくてはいけない」という感覚がうかがえます。仕事がたてこんで圧倒され、自分の処理能力を超えてしまったときに言うフレーズです。

092

疲弊したときのフレーズ

I'm worn out.

ヘトヘトだよ。

「ビッグバン★セオリー / ギークなボクらの恋愛法則」
シーズン 9　第 21 話　より

Raj: Man, **I'm worn out.**

Howard: I know. Imagine if we were actually moving.

Raj: No, it's just, ever since I started dating Claire and Emily at the same time, it's exhausting.

Howard: You're exhausted? Try folding every five pages in a pregnancy book so your wife thinks you read it.

・・

ラージ：（テレビゲームをしながら）ヘトヘトだよ。

ハワード：あぁ。実際に動き回っていたらと想像してみろよ。

ラージ：そうじゃない。クレアとエミリーと同時にデートし始めたから、ホント疲れる。

ハワード：疲れただって？　ぼくなんか妻にちゃんと読んでいると思わせるために、妊娠関連の本を 5 ページごとに折ってるんだぞ。

解説 🖐 イロイロな「疲弊」を表すフレーズを押さえよう！

　仕事に関わる会話で一番多いのは、「疲れたなぁ」という軽い愚痴ではないでしょうか。ただこの一言はネガティブなだけではなく、「最近はなにしてるの」などのスモールトークにつながる立派なコミュニケーションの糸口にもなると思います。だからこそ I'm tired.（疲れた）だけでなく、色々なパターンのフレーズを覚えて言いこなしたいところです。

　ここで取り上げた wear out も「本当疲れた」「ヘトヘトだ」という意味で、例えば擦り切れてぼろぼろになった服をイメージしてみてください。さんざんこき使われることを日本語でも「ぼろ雑巾のように働かされる」などと言いますが、同様にくたびれきった服のような状態に例えているわけです。

類似表現

> ## I'm exhausted.
> 本当疲れた。［ブルックリン・ナイン - ナイン　SS4-4］
>
> ## I'm just really stressed out.
> 本当にストレスがたまっているの。［ブルックリン・ナイン - ナイン　S5-2］
>
> ## You look a bit fatigued.
> 疲れてない？［キャッスル 〜ミステリー作家は事件がお好き　S7-14］

　tired を強調した表現としては1つ目のフレーズにある exhausted のほうが、worn out よりもよく使われます。疲れた、だけではなくうんざりしたような印象をも与えます。exhaust（使い切る）の過去分詞が形容詞的に用いられているもので、力をすっかり使い果たしたと覚えることができます。また burn out（燃え尽きる）という言い方もあります。日本語でも疲れ切ったことを燃え尽きたと言うことがありますが、英語でも同様なのですね。ビジネス現場で使えば、ストレスなどで疲れ果ててしまうことを指します。

　3つ目のfatiguedは、より硬く、医療用語的な印象のある表現。fatigueは「疲労、倦怠感」などを表す名詞です。フランス語由来で綴りもそのままです。

093

面倒な書類仕事をするときのフレーズ

It's paperwork, red tape.

書類仕事、お役所仕事だよ。

「サバイバー：宿命の大統領」
シーズン1　第12話　より

MacLeish: What's going on?

Alvin: I get nervous, you know? Someone's gonna find out. The FBI—they got this manifest.

MacLeish: **It's paperwork, red tape.**

. . . .

マクリーシュ：どうした？
アルヴィン：不安なんです。誰かに見つかりそうで。FBIはこの名簿を持っているって……。
マークリッシュ：書類仕事、お役所仕事だよ。

解説 ☞ 面倒な書類仕事を愚痴りたいときに使える！

　お役所仕事的な書類仕事は本当に面倒なもので、愚痴りたくもなりますね。単純にそれを言う場合は paperwork（paper work）ですが、大量の複雑な書類を処理しなくてはならない苦労について言う場合や煩雑な手続きについて言う場合は red tape（お役所仕事）という表現がされます。これは昔のイギリスのお役所では大量の紙をまとめるのに赤い紐を使っていたからだそうで、転じて手続きの面倒なお役所仕事のことを言うようになりました。

　今ではオンライン化・ペーパーレス化が進んでだいぶ red tape は無くなってきた、と言いたいところですが、今度はパスワードや二段階認証といった digital red tape（筆者の造語ですが）も新たに生まれてきて……。本当に悩ましいところです。左ページに挙げたのは、一度 paperwork と言いつつ、大量で面倒なことを強調するために red tape と言い直している例です。

類似表現

> ### Permits must have been a headache.
> よく許可が降りたな。[グッド・プレイス　S3-11]
>
> ### Trying to fight through some bureaucratic red tape.
> お役所仕事の書類に苦労しててね。[モダン・ファミリー　S6-20]

　permits（許可）を得るための根回しもなかなか大変ですね。また A must have been a headache.（A するのは頭が痛かっただろう［大変だっただろう］）というのも便利に使える労いフレーズです。a headache はここでは、厄介なこと、頭痛の種という比喩的表現です。例えば相手の仕事での苦労話を聞いて、That must have been a headache.（大変だっただろうね）などと反応するときに役立ちます。

　red tape を省略したりして、うまく切り抜けることを fight through あるいは cut through を使って表現します。また、煩雑なお役所仕事のことは bureaucracy と言います。

094 ★ ★ ★ ★

仕事と家庭を両立するときのフレーズ

I've been juggling work and family.

私は仕事と家庭を両立してきたんだ。

「モダン・ファミリー」
シーズン 7 第 15 話 より

Phil: Hey, you know what? I could do some of that kid stuff tomorrow.

Claire: You've got that open house.

Phil: Honey, **I've been juggling work and family for 22 years** and just juggling for 30.

フィル：えっと、ぼくも明日は子どもたちのために何かするよ。
クレア：あなたはオープンハウスでしょ。
フィル：ハニー、ぼくは 22 年間仕事と家庭を両立してきたんだぞ。仕事だけなら 30 年間だ。

解説 ✍ juggle という言葉のイメージをつかもう！

　仕事にしても何にしても、1 つのものだけに集中していられることはそう多くはなく、何かにかかりきりになると他のものを取りこぼしてしまったりします。いくつものことを同時に気に掛けなくてはいけない、そうそれはまさに人生のジャグリングです。

　このフレーズは仕事も家庭も大事にしてきたことを誇りにしている、一家の父親のセリフでした。I've been... for... というのはこのように**時間の厚み**を表現したいときに使われる表現です。juggling A and B で A と B をジャグリングする、両立しながらうまくやっていくということになります。

類似表現

> ### Juggling 15 clients a year.
> 年に 15 人の顧客を抱えてるの。［ハウス・オブ・カード 野望の階段　S4-1］
>
> ### I just have to juggle some things around.
> 予定を調整してみますね。［ロイヤル・ペインズ—救命医ハンク—　S1-7］
>
> ### But juggling things is hard.
> 両立は難しいね。［ブルックリン・ナイン - ナイン　S5-11］

　1 つ目のフレーズは、1 年間に 15 人ものクライアントを掛け持ちしている敏腕弁護士のセリフの引用です。15 人ともなると一度に見ることはできず、もちろんとっかえひっかえして対応していくことになります。その感覚がジャグリングとぴったり合っているのではないでしょうか。

　2 つ目は一日の予定を立てているシーンから。スケジュールをいくつも抱えてうまく調整しようとしている感じが伝わってきます。

　もし両立がうまくいかなかったら、3 つ目のフレーズのように言って反省しましょう。

095 ★ ★ ★

腕が鈍ったときのフレーズ

My skills are rusty.

腕が鈍った。

「ビッグバン★セオリー / ギークなボクらの恋愛法則」
シーズン12 第9話 より

Howard: Oh, gosh, **my Russian's a little rusty.**

Raj: If it helps, this word may be "moose."

Howard: Okay. This paper is called "Examinations of a Super-Asymmetric Model of the Universe" by Dr. Vasily Gregora-poli-popivich.

. . . .

ハワード：くそっ、ロシア語の腕が鈍っている。
ラージ：参考までに言うと、この単語は「ヘラジカ」かも。
ハワード：そうだな。論文のタイトルは「宇宙空間における超非対称性モデルの考察」。著者はヴァシーリー・グレゴラポリポピビッチ博士。

解説 👆 実力の衰えを自嘲するときにも使える！

rusty とは「錆びている」という意味で、転じて、本来は万全に働いていたのに、いつの間にかスキルが錆びついてしまったということになります。英会話もそうですが、どんなに自信のあったスキルでもしばらく使わないと錆びつき、腕が鈍ってしまうものです。そんなときに突然、「そういえばこれ得意だったよね？」などと仕事を振られても困ってしまいますよね。このフレーズも、以前に宇宙飛行士としてロシア語を使って仕事していたハワードが、「もう喋れるかわからないよ」と嘆いたときのセリフでした。

また一方でこのフレーズは、自分の実力に保険をかけるときにも使われます。「ブランクがあるからなぁ」などと言いつつしっかり結果を出せたら倍カッコイイ、という効果があると思います。特に英語スキルを求められたとき、My English is a bit rusty, but I can try.（英語は最近喋ってないんだけど、やってみるか）と謙遜しながら言えたら、すでにできる人感が漂いますね。

類似表現

I'm a little rusty.
ちょっとブランクあるけど。[モダン・ファミリー　S9-6]

Are you saying I'm rusty?
俺の腕が鈍ったと言いたいのか？[SUITS/スーツ　S2-7]

I guess I'm rusty.
腕が落ちたかな。[BONES—骨は語る—　S6-5]

1つ目は、ボウリングに誘われて、「いいけど腕が鈍ってるかもなあ」というときのセリフ。My skills are rusty. というパターンとは別に、会話の流れでどんなスキルや経験を言っているのか明らかなときは I'm rusty. とシンプルに表現するのもありだとわかります。

2つ目は、若手を牽制するベテラン弁護士のセリフから。一時は凄腕だったかもしれないけれど鈍ってしまった、という悲哀が読み取れます。

自分らしくないミスをしてしまったとき、自嘲するような調子で3つ目のように言うこともできます。

ストレス発散するときのフレーズ

We need to
let off some steam.

私たちちょっと息抜きしたほうがいいんじゃない。

「グレート・ニュース」
シーズン2　第9話　より

Katie: We both need to let off some steam.
Why don't we go out tomorrow night? We
can grind up on some randos. Maybe have
one-night... stew. A one-night stew?

Chuck: Interesting. So you'd cook stew
overnight? And then, you'd have a hot fresh
pot of stew for breakfast. That's genius.

Katie: Yep. Please, Portia. I just want to have a
fling.

· ·

ケイティ：私たちちょっと息抜きしたほうがいいね。明日の夜、出かけない？
テキトーな男とハメを外して。多分、一夜限りの……シ、シチュー？　一夜のシ
チュー？
チャック：興味深いね。シチューを夜通し煮るのかい？　そうすれば朝食に熱々
の新鮮なシチューが食べられるな。天才だ。
ケイティ：そうね……。ポーシャ、お願いよ。少しハジけたいの。

解説 「息抜きする」「ハジける」を英語で言うには？

　仕事を頑張るのは大事なことですが、あまり根を詰め過ぎると効率が悪くなったり体調を崩したりしてしまうかもしれません。適度にストレス発散や休憩をはさむのも立派な自己管理ですよね。

　そんなときに使えるフレーズがこちら。let off some steam（ストレス発散する）は直訳すると「蒸気を出す」となりますが、なぜでしょうか。高温の蒸気で動く蒸気機関は、あまり圧力（プレッシャー）をため込むと爆発してしまうため、適度に蒸気を逃がしてあげる必要があるのだそうです。人間も同じだね、ということで、転じて憂さを晴らすことを言うようになりました。

　この例では主語が we となっているため、仕事でイライラがたまっていそうな同僚などを誘って飲みにいくときなどに丁度いい言い方です。アメリカのドラマを見ていると、ストレス発散の方法としてアルコールのほかにカラオケもよく出てきます。しかし日本のカラオケボックスとは少し違って、大きな部屋にステージがあって、いくつかの団体がひとつの空間でカラオケをやるようです。知らない人に歌を聞かれるのは恥ずかしい気もしますね。

　なお、左ページのスクリプトの最終文にあるように have a fling で「ハメを外して遊ぶ、ハジける」という意味になります。ストレス解消のフレーズとしてセットで覚えておきましょう。

類似表現

> ## Blow off some steam!
> ちょっと息抜きしなよ。[LUCIFER ／ルシファー　S1-12]
>
> ## I think we have to blow off a little steam.
> ちょっと休憩したほうがいいわね。[スペース・フォース　S2-11]

　let off some steamはblow off some steamと言い表すこともできます。いずれも some はあってもなくても大丈夫です。

097 ★ ★ ★ ★

出世したときのフレーズ

I can finally get on the fast track.

やっと出世コースに乗れたわ。

「グレート・ニュース」
シーズン2 第12話 より

Carol: I think working at *Morning Wined Up* is going to be good for me. **I can finally get on the fast track.** At *The Breakdown*, everyone saw me as your kooky mom. Now people will take me seriously.

Katie: You know, a little time apart will be good for me too. I can focus on my job without anyone making romantic ultimatums on my behalf, or nagging me to get a new bra when I can fix this one with Scotch Tape.

. . . .

キャロル：「ワインで目覚まし」で働いて良かったわ。ついに出世できるわ。「ブレイクダウン」ではみんな私のことをあなたのイカれた母親だと見てた。今はみんなに真剣に取り合ってもらえそう。
ケイティ：少し離れたことが私にとっても良かったわ。仕事に集中できる。誰かさんが私に代わって恋愛の決断を迫ってくることもないし、スコッチ・テープで修理した新しいブラに文句を言われることもないし。

解説 👆 「第一線」や「くすぶる」を英語で言うには？

会社・組織にいると避けられないのが昇進をめぐる攻防でしょう。The fast track とは通常より速いコースのことを言い、ここでは組織の中で出世街道に乗ることを指しています。また、get on the fast track の get on は乗るということ。

この場面は出世の可能性が開けた女性社員が喜んでいるシーンでした。今まで悩んでいたけれどやっとチャンスがつかめた、ということが finally（やっと）から読み取れます。

類似表現

Are you trying to sideline me?
ぼくを第一線から下げるというのか。[ブルックリン・ナイン - ナイン　S4-9]

You wanted to sideline me.
私を一線から退けたいのね。[ハウス・オブ・カード 野望の階段　S3-4]

Rachel, Finn wouldn't want you sitting on the sidelines.
レイチェル、フィンは君にくすぶっていて欲しくないんだ。[glee/ グリー　S5-4]

on the sideline（傍観者として）というイディオムがあります。sideline（動詞）はスポーツの試合から選手を外すという意味があるため、仕事においてもプロジェクトなどの最前線、主力から外すという使い方をされるようです。いわば戦力外通告なので、少しショックを与える表現ですね。

098

ポリコレを気にするときのフレーズ

What is the PC term?

ポリコレに配慮した言い方は何だっけ？

「ビッグバン★セオリー / ギークなボクらの恋愛法則」
シーズン 12　第 17 話　より

Leonard: Hey. I didn't think you were coming.

Sheldon: Um, I changed my mind. Where are the little scamps?

Howard: "Scamps"?

Sheldon: I'm sorry. Tykes. Rug rats. **What is the PC term these days?**

Leonard: What's going on?

・・・・・・・・・・・・・・・・・・・・・・・・・・・・

レナード：君が来るとは思わなかったよ。

シェルドン：気が変わったんだ。「おチビ」たちはどこ？

ハワード：おチビ？

シェルドン：ごめんよ。ならガキ？　小僧？　最近のポリコレに配慮した言い方は何だっけ？

レナード：どうしたんだ？

日本語でもそうですが、英語のように広く用いられる言葉では特に、人権に配慮した politically correct（政治的に良いとされる）言葉遣いを心がける必要があります。とはいえ、それは非常に早く更新されるため、なかなか全てについて行くのは難しいというのが正直なところです。このフレーズはそんな嘆きを少し含んだ、「最近では何と言えばいいんだっけ？」と聞くためのセリフからとりました。

類似表現

That's quite an unenlightened stereotype.
それは非常に啓発されていないステレオタイプだよ。[ロイヤル・ペインズ—救命医ハンクー　S1-6]

We're not racists.
我々は差別主義者ではない。[メディカル・ポリス　S1-2]

And please know, I have nothing against people with color-cons or spray tans.
そして、知っておいて。私はカラー・コンタクトや人工的に日焼けをしている人々に対して何も反対してない。[ファミリー・ストーリー　S3-3]

　最近のドラマのポイントの１つとして、人種や信条による差別に敏感に反応することがあります。特に３番目のフレーズのように、何でもないことに対しても「差別するの？」と言われかねないため防御的になる、というのが笑いどころになっていることが増えてきました。アメリカではあるあるネタなのかもしれませんが、とにかく私たちも、あらぬ誤解を招かないためにPC 関連の単語は覚えておいて損はなさそうです。

099

> チャンスを指摘するときのフレーズ

You have a small window to save yourself.

あなたが助かる可能性はまだある。

「SUITS/ スーツ」
シーズン6 第7話 より

Mike: I want to help you.

Jill: Well, I don't believe you.

Mike: I don't care if you believe it or not, but **you have a small window to come clean with the SEC and save yourself.**

Jill: Not that it's any of your business, but I would never turn on my own father.

Mike: That's too bad because if you don't, you're both gonna end up behind bars.

Jill: What exactly is in this for you?

· ·

マイク：君の力になりたい。
ジル：信用できないわ。
マイク：信用されなくても構わないが、今ならSECに打ち明ければ助かる可能性はまだある。
ジル：あなたには何も関係ないし、私は決して父を裏切らない。
マイク：それは残念だ。そうしないなら、親子ともムショ行きになる。
ジル：一体何が狙いなの？

解説 👆 タイミングを象徴する window に注目！

何事も、実力と同じくらいタイミングが重要だったりします。そんなチャンスのシビアさを、少ししか開いていない窓に例えたのがこの表現。ある時間帯が大事だと言ったり、成否の可能性について言いたいときには重宝する、ビジネス現場ではよく使われるフレーズです。

なお、左ページにある SEC とは、アメリカの証券取引委員会（Securities and Exchange Commission）のことです。

類似表現

I missed the window, the window's closed.
タイミングを逃したわ、もう手遅れね。［カントリー・コンフォート　S1-7］

You don't get a second chance to make first impressions.
第一印象は二回残せないから。［カントリー・コンフォート　S1-9］

First impressions last.
第一印象がすべてだ。［SUITS/スーツ　S1-4］

ビジネス上の出会いでは特に第一印象が大事だと思いますが、このようなフレーズからはそうした考えが伝わってきます。

100

心から深く謝罪するときのフレーズ

You will never know how deeply, how profoundly sorry I am.

私がどれほど深く申し訳なく思っているか、まるでわからないでしょうね。

「カントリー・コンフォート〜家族の歌〜」
シーズン1　第2話より

Bailey: Cassidy, honey... **You will never know... how deeply, how profoundly... sorry I am. I am so sorry.**

Cassidy: Bailey, why is it every time I'm upset, I end up having to take care of you?

Bailey: Well, it... It only happened twice.

Cassidy: You've only been here five days.

ベイリー：キャシディ……。私がどれだけ深く申し訳なく思っているか、まるで
わからないでしょうね。本当にごめんなさい。
キャシディ：ベイリー、なぜいつも私が怒っているときはいつも、最終的に私が
あなたを気遣かわないと行けなくなるの？
ベイリー：ええっと、2回だけよね。
キャシディ：あなたはうちに来てまだ5日だよ。

謝罪のように誠意が必要なシチュエーションでは、特に社会的に正しい英語でもって丁寧に話す必要がありますね。セリフの量や態度だけ、例えばSorry, sorry, so sorry! と連呼してお辞儀するとかではなく、会話の質でしっかりと気持ちを伝えることができるのが理想です。筆者の英語の先生のイギリス人は、そうした形容詞や副詞が自然に使いこなせることが英語初級者から中級者へのステップアップに欠かせないと言います。

　ここでは、I'm sorry を自然に強調する方法として deeply と profoundly という、どちらも「深い」という意味の単語を重ねるテクニックを使っています。

類似表現

I deeply regret that.
とても後悔しているわ。［モダン・ファミリー　S11-4］

　自分の行動を反省するときは regret（後悔する）がよく使われますが、こちらも強調する際には deeply が用いられることが多いです。

　また、Thank you. と言うときにも共通するのですが、I'm sorry. と言うだけではなくて、for... と何に対して言っているのか明確にするのも大切なポイントかもしれません。後者の例のように、For what?（何のことです？）と聞き返されることもドラマではよくあることです。

Column ⑥
フレーズを基礎にした英会話力を養おう！

　「英会話はやっぱり単語力！」という言説を聞く度に「相変わらず間違ったことを言っているな」と悲しくなります。**単語ばかりやっていても一生英会話力は向上しないからです。**

　例えば、1つの英語の文章を長い鎖のようなものだと考えてみましょう。鎖の輪の1つひとつが英単語です。では単語をたくさん覚えて、それらを繋げて喋るのが英会話なのでしょうか。全く違うのです。

　単語をつなげて話していたら、例えば10単語の短い文章でも9つの接続ポイントがあることになります。これらは全て、頭をフル回転させて次の単語を探さなくてはいけない、いわば躓く可能性のある危険なポイントですし、何よりそんなに考えていては疲れて、人の話を聞く余裕もなくなってしまいます。そこで、数個の英単語をつなげた短い鎖、つまり意味のある数単語の塊、「フレーズ」で英文を構成するのがカギになってきます。

　英語でのインタビューを聞いていてもわかりますが、英会話は均一にずっとしゃべり続けるわけではありません。少し喋って、少し考えて、というように波があると思います。これは単語をつなげているのではなく、良いフレーズを探してきて繋げているから起こることです。

　単語ベースでしか会話を捉えられないと、無機質に覚えた膨大な英単語の中から、自分の話したいことに近いものを探してきて、さらに頭の中でつなぎ直して話すという多大な労力を費やすことになります。そして悲しいかな、そのように再構成した英文は、英語ネイティブからすると不自然で伝わりにくいものであることが多いのです。

　筆者は英語でしゃべる際、**その場の雰囲気を海外ドラマに置き換えて、どのようなフレーズが使われていたか**を探してきます。そしてそのフレーズを数個つなぎ合わせたら、もう立派に会話が成立してしまうのです。スムーズな英会話を目指す方はぜひ、フレーズを意識してみてください。

👍 イチ推しの ビジネスドラマ5選

Suits

Boston Legal

House of Cards

Designated Survivor

Space Force

「Suits」

SUITS/ スーツ

2011 ～ 2019 年／ 9 シーズン（全 134 話）／約 42 分

Story ★ ★ ★ ★

　ニューヨーク、マンハッタンが舞台。ある日、大手法律事務所ピアソン・ハードマンの面接会場に、司法試験に落ちた過去を持つ青年マイクが迷い込みます。彼の驚異的な記憶力に目を付けた弁護士ハーヴィーは、資格がないことを承知で、マイクを自分の助手として雇うことにします。

　自信家の辣腕弁護士ハーヴィーと、彼の助手になったピュアな青年マイクのダブル・イケメンがくり広げる、スピーディなセリフと難解な訴訟を鮮やかに勝ち取る姿が最高の弁護士ドラマです。

このフレーズがイチ推し！

I don't have dreams, I have goals.

俺は夢を見ない、目標を見据えるのみだ。[ハーヴィー]

ココが推せる！

マンハッタンの敏腕弁護士たちの熾烈なキャリア争いと、法律事務所のかじ取りの難しさを都会的でクールなタッチで描いた傑作法廷ドラマ。マイクとハーヴィーの師弟の絆を中心に、本格的な法廷劇と事務所内での愛憎劇が展開されます。

英語表現の上では、法廷ものの常として法律用語が多用されるのが1つのハードルとなりますので、やはり日本語字幕を活用してほどほどに聞き流したいところです。何しろ登場キャラのほとんどがハーバードロースクール卒の切れ者ぞろいですので、日常会話のキレもものすごく、交渉上手で高度な英語表現が飛び交います。

中でも、いたずらっぽくて男前なハーヴィーは要注目キャラクターです。**粋で喧嘩っ早い江戸っ子のような軽口と、大人の余裕を感じさせるゆったりした表現を自在に使い分ける**のがとにかくカッコいい。裁判所前に車で乗りつけて颯爽と降りてくるだけでも反則級のスタイリッシュさを誇ります。作中随一のカリスマである彼のセリフはビジネス名言として広く周知されており、筆者は上記のイチ押しフレーズの他にも、I don't get lucky, I make my own luck.（運は自分で引き寄せるものだ）などがお気に入りです。

加えて、アメリカ東海岸のインテリたちの会話は非常にハイスピードで、**省略形やスラングを多用することもあるため、聞き取り難易度は高め**になっています。話の中身も濃密なので視聴していて少々疲れますが、確実に押さえておきたいリーガル・ドラマの代表格です。

「Boston Legal」

ボストン・リーガル

2004～2008年／5シーズン（全101話）／約45分

Story ★ ★ ★ ★

　ボストンの大手法律事務所クレイン・プール＆シュミットーで、高額所得者相手の民事訴訟担当チームを率いるアラン・ショアとデニー・クレイン。優秀だが、感情的になりがちな人間臭い弁護士たちの仕事とプライベートを描くコメディ。免許剥奪ギリギリの危ない橋も渡り、どんな汚い手を使ってでも依頼者を勝たせます。セリフに痛烈な社会風刺が散りばめられ、時折「次のシーズンもこの時間帯かな」といったメタ視点に立った演出がなされるのも特徴です。「アリー my Love」のクリエイターが贈るゴールデングローブ賞＆エミー賞受賞の法廷エンターテイメントです。

このフレーズがイチ推し！

Denny Crane. Never lost, never will.

私はデニー・クレイン。未だ無敗、生涯無敗だ。［デニー］

ココが推せる！

　ボストンの大手法律事務所を舞台に、アランとデニーの弁護士コンビの友情を描きます。SUITS がスタイリッシュだとしたら本作はシックな雰囲気が魅力で、経験を積んで脂の乗り切った弁護士たちの重厚な空気感が心地よい作品です。

　オフィスで同僚たちとやりとりする場面はコメディ調で笑えますが、法廷シーンではまた様子が違ってきます。彼らが扱う案件は銃社会や人種差別、公害など現代社会の問題点に鋭く切り込むものばかり。アラン、デニーやその同僚らがそんなテーマについて長広舌を振るうシーンは圧巻で、社会派の作品とも言えますが、アラン自身はそれも結局は依頼人を弁護するための詭弁だと自嘲しています。

　アラン（ジェームズ・スペイダー）の英語はアメリカ東海岸らしく、R が強過ぎず、**柔らかな響きとゆったりした口調が大変魅力的**です。人前でプレゼンするときなどはぜひ彼の法廷シーンに学んでみてください。

　勝訴するためなら手段を選ばないアランと、かつては無敗を誇ったが老いの影が忍び寄るデニーはそれぞれの問題と向き合う必要に迫られます。オフィスにおいても法廷においても自信家で人を食ったような言動をする2 人は、自分に正直なあまり次第に居づらい状況に追い込まれていきます。ふざけながらも互いを信じあう彼らは、自分を見失わずにいられるのでしょうか。長尺の法廷劇に加え、友情や老いとの闘いといった要素が詰め込まれた見ごたえのある作品です。

「House of Cards」

ハウス・オブ・カード 野望の階段

2013 〜 2018 ／ 6 シーズン（全 73 話）／約 50 分

Story ★ ★ ★ ★

　ホワイトハウス入りを目指す下院議員、フランク・アンダーウッドは、大統領候補のウォーカーを応援し、彼が当選した暁には国務長官のポストをもらう約束をしていました。しかし、大統領に当選したウォーカーはあっさりと裏切り、別の人物を候補にしてしまいます。この上ない程の屈辱を味わったフランクは、NPO 法人の代表を務めるバリキャリである妻クレアとともに権謀術数を駆使してホワイトハウス入りを目指します。さらにフランクは新人記者のゾーイと肉体関係を持ち、偽の情報をリークして国務長官候補を陥れると、州知事選挙に貸しのある議員ルッソを出馬させます。しかし、そのルッソも言うことを聞かなくなると、自殺に見せかけて非情にも殺してしまいます。権力に取り憑かれたフランクの暗躍はどこまで続くのか。Netflix で配信中。

このフレーズがイチ推し！

Success is a mixture of preparation and luck.

成功は、準備と運でできている。［フランク］

ココが推せる！

house of cards とはトランプで作ったタワーのことですが、高く積み上げるほど不安定になるタワーは何を暗示しているのでしょうか？　映像はほの暗いトーンで進行し、底知れない威圧感を持った海千山千の政治家や気鋭のジャーナリストたちが暗躍します。登場人物が唐突に寝返ったり死んだりするためサスペンス要素があり、観ていて全く安心できません。

ストーリーも法案提出の根回しをしたりメディア対応をしたりと、他のジャンルにはない主題ばかりです。とくにフランクらが他の政治家と交渉するシーンは、英語学習の上でもとても参考になります。

劇中で使われる政治用語はあまり数が多くないのですぐに慣れますが、大物政治家たちは頭が良いので**使う語彙のレベルが高く、コメディ作品などとは一瞬違う言語に聞こえるほど格調高い表現**をします。ただし彼らは自信家なので、はっきりした発音でゆったり堂々と発音してくれますから、気をつけていれば問題なく聞き取れるはずです。加えて、自身の政治信条や座右の銘をカッコいい表現で言ってくれるのもうれしいところです。特にフランクは異様に高い名言率を誇るため、フレーズをメモする手が止まりません。政治とジャーナリズムを取り巻く愛憎を描いた、政治サスペンスの傑作です。

1990 年からイギリスで放送された同名作品のリメイクで、フランクを演じたケヴィン・スペイシーによってさらに魅力を増していると思います。2017 年 10 月に彼がスキャンダルのために途中降板するアクシデントがありましたが、それを逆手に取ったまさかのラストで完結しました。

4

「**Designated Survivor**」

サバイバー：宿命の大統領

2016 ～ 2019 年／ 3 シーズン（全 53 話）／約 50 分

Story ★ ★ ★

　「24 TWENTY FOUR」のジャック・バウアー役で知られるキーファー・サザーランドが大統領役に挑むヒューマンドラマ。主人公のトム・カークマンは、アメリカで住宅都市開発長官を務めていましが、とある政策を巡る意見の衝突から解任。重要な政策に関与させないために「指定生存者」に指名され、一般教書演説への出席を禁じられてしまいます。ところが、その一般教書演説の最中に議会議事堂で大規模な爆弾テロ事件が発生し、大統領をはじめとする閣僚がほぼ全員死亡してしまいます。それにより、継承順位によってカークマンが大統領職を継承することになります。はからずもアメリカ合衆国の最高司令官の座に就いてしまったことに戸惑いを隠せないカークマンでしたが、真面目で誠実な新米大統領として慣例に囚われない行動力を発揮していきます。

このフレーズがイチ推し！

We must show that our flag is still flying strong.

我々は決して屈しない、と示すのです。［コクラン大将］

ココが推せる！

第一話でいきなりアメリカ議会が大爆発するという、過激な始まり方。しかしそこからは、突然大統領の椅子に座ることになった地味な政治家・カークマンの葛藤や奮闘、そして戸惑いながらも彼を支える家族やスタッフの姿が温かく描かれます。閣僚のなかでも地味だった彼ですが、実は高い理想と、それを穏健に実現する手腕を持っており、はじめは懐疑的だったホワイトハウスのスタッフも次第に心酔させていきます。

同時に FBI は爆破事件の捜査に全力を挙げ、衝撃の事実にたどり着きます。**政府高官の慎重なもの言いと、FBI 現場指揮官の緊迫した口調とを交互に聞くことができる**点が興味深く、敵を早く攻撃してしまいたい軍部と、ギリギリまで他国との交渉を続ける政府とのせめぎあいも同様です。諸外国と渡りあいながらも国内の敵と対峙しなくてはいけないカークマンを応援したくなります。彼が朗々と演説をするシーンも注目したいところで、例えばテレビ用に映像を撮るときには普段かけている眼鏡を外すなど、大統領ともなるとイメージ戦略が大事であることが読み取れたりもします。

本作は同じ政治ドラマでも冷徹な権謀術数が渦巻く House of Cards と比べると登場人物に人間味があり、相手を気づかったり労ったりする表現や冗談を飛ばして笑い合うセリフが随所で聞かれることが救いになっています。カークマンも家族を愛し、悩んだり後悔したりする等身大の人間として描かれているため、彼を応援したくなることでしょう。

「Space Force」

スペース・フォース

2020 〜 2022 年／ 2 シーズン（全 17 話）／約 30 分

Story ★ ★ ★ ★

　アメリカ宇宙軍の創設を盛大に弄った内容で、6 番目の米国軍隊組織「宇宙軍」の設立を任されたメンバーたちがくり広げる職場コメディ。月面への再着陸、宇宙空間を支配するという任務を課せられたネアード大将ら軍人と科学者から成る落ちこぼれチームは難しい人間関係に対処しながら、新政権に宇宙軍の存在価値を証明しなければなりません。果たして団結してやり遂げることができるのか、それともプレッシャーに負けてしまうのか……!?　Netflix で独占配信中。

このフレーズがイチ推し！

Space should be a zone of wonder, not of conflict and death.

宇宙は不思議に満ちた場所だ、対立や死を持ち込むな。［マロリー博士］

ココが推せる！

ドナルド・トランプ政権下で2019年12月に発足したアメリカ宇宙軍をモデルに、大掛かりなセットと豪華な俳優陣を使った悪ふざけのような職場コメディ。科学とミリタリーが融合したシチュエーションが斬新です。また、かつてアメリカと宇宙開発の覇を競ったロシアはほとんど登場せず、中国やインドがライバルとして描かれている点がいかにも2020年代の作品という感じがします。

軍が主題ですが舞台は戦場ではなく、宇宙軍基地の小ぎれいなオフィスやロケット指令室などで、**軍人と科学者たちが、壮大なテーマと反比例するかのような軽口の応酬を展開します**。随所に脈絡なく笑いが散りばめられ、気軽に観ることができますが、数話越しの伏線回収などもあってストーリーの緩急が見事。

本作はまた、主人公のネアード大将（スティーブ・カレル）とネアードを支え、助言し、時には手厳しい批判を加えるマロリー博士（ジョン・マルコビッチ）の名優コンビが吹っ切れた熱演を披露しているところが見所です。

ネアードを筆頭とする**軍人たちは力強く簡潔な英語表現をしがちで**、組織の理論に従うことを優先します。一方マロリーら科学者チームは、**科学に誠実であらゆる可能性を考慮した丁寧な話し方**。どんな組織で働く上でも便利に使える表現をたくさん学ぶことができ、何よりもとにかく笑える新感覚コメディ作品です。

出口武頼 （でぐち・ぶらい）

1999 年、東京生まれ。中学 1 年から海外ドラマのみ
で英語を学習し、現在までに 4000 話以上視聴。海外
長期滞在経験なしに、高校在学時に GTEC と TEAP
のスピーキングテストで満点取得。高校 2 年次に都
立高校生英語スピーチコンテスト選抜大会で優勝、3
年次には東京都の国際教育研究協議会主催の英語弁
論大会で審査員特別賞を受賞、TOEIC860 点取得。
2018 年度センター試験英語 200 点満点取得、現役
で東京藝術大学美術学部芸術学科に進学する。2019
年、『海外ドラマで面白いほど英語が話せる超勉強法』
(KADOKAWA) を上梓。東京藝術大学大学院在学の
現在も海外ドラマ視聴を継続中。専門は日本仏像史。

今日から始める「液晶留学」！
海外ドラマのリアル英語100フレーズ

2023 年 4 月 1 日　第 1 版第 1 刷発行

著者：出口武頼

校正：高橋清貴
デザイン：松本田鶴子
表紙イラスト：もとき理川
本文イラスト：ナリコウチハラ

発行人：坂本由子
発行所：コスモピア株式会社
〒 151-0053 東京都渋谷区代々木 4-36-4 MC ビル 2F
営業部：Tel: 03-5302-8378 email: mas@cosmopier.com
編集部：Tel: 03-5302-8379 email: editorial@cosmopier.com

https://www.cosmopier.com/（会社・出版物案内）
https://e-st.cosmopier.com/（コスモピア e ステーション）

印刷・製本／シナノ印刷株式会社